Přemysl Pitter

Unter dem Rad der Geschichte

Der Verlag dankt der Ackermann-Gemeinde e. V. (München), dem Národní pedagogické muzeum a knihovna J. A. Komenského (Nationales Pädagogisches Museum und Bibliothek J. A. Comenius, Prag; Pitter-Archiv), der Autorin Sabine Dittrich sowie dem Verein Milidu (Zürich) für die freundliche Unterstützung bei der Herausgabe dieses Buches.

NÁRODNÍ PEDAGOGIC
MUZEUM A KNIHOVNA
J. A. KOMENSKÉHO

NEUFELD VERLAG

Přemysl Pitter

Unter dem Rad der Geschichte

Autobiografie

Neu bearbeitet von Sabine Dittrich

NEUFELD VERLAG

2. Auflage 2026

Grundlage dieser Neuauflage ist der Text der deutschen Erstausgabe, erschienen 1970 im Rotapfel-Verlag, Zürich. Übersetzung aus dem Tschechischen von Kurt Maria Ruda

Die Deutsche Bibliothek verzeichnet diese Publikation in der Deutschen Nationalbibliografie; detaillierte bibliografische Daten sind im Internet über www.dnb.de abrufbar

Umschlaggestaltung: spoon design, Olaf Johannson
Umschlagbilder, Abbildungen Bildteil: Archiv Přemysla Pittra a Olgy Fierzové, Národní pedagogické muzeum a knihovna J. A. Komenského, Valdštejnská 20, CZ-118 00 Praha 1
Satz: Neufeld Verlag
Herstellung: CPI – Clausen & Bosse, Leck

ISBN 978-3-86256-083-7, Bestell-Nummer 590 083

Bei Fragen zur *Produktsicherheit* wenden Sie sich bitte an den Hersteller: Neufeld Verlag, Schlagäcker 18, D-92706 Luhe-Wildenau, Deutschland, Telefon 0 96 07/9 22 72 00, E-Mail info@neufeld-verlag.de

neufeld-verlag.de

Bleiben Sie auf dem Laufenden:
YouTube | Instagram | Facebook | **neufeldverlag**
newsletter.neufeld-verlag.de
www.neufeld-verlag.de/**blog**

Inhalt

Vorwort und Dank

Liebe Leserin, lieber Leser,

nach über vier Jahrzehnten liegt nun die Neuauflage der Autobiografie *Unter dem Rad der Geschichte* von Přemysl Pitter vor. Ich finde es wichtig, die Erinnerung an diesen christlichen Humanisten und seine Mitstreiter in die heutige Zeit zu tragen, denn wir können für unsere Situation in Europa viel von ihnen lernen: tatkräftiges Mitgefühl, Weitblick und Gottvertrauen.

Ich habe den Text der Erstausgabe von 1970 durchgesehen, die Rechtschreibung auf die heute geltende Norm angepasst und mit Anmerkungen, zusätzlichen Fotos sowie den Abschriften zweier Briefdokumente ergänzt. Im letzten Teil finden Sie außerdem eine Zeittafel, die auch Pitters Jugendjahre vor dem Ersten Weltkrieg und seine sechs letzten Lebensjahre, auf die er in diesem Text nicht näher eingeht, erläutert.

Ein herzliches Dankeschön gebührt den Menschen und Organisationen, ohne deren Unterstützung diese Neuauflage nicht möglich gewesen wäre:

- dem Verein Milidu mit Herrn Titus Zelený, Zürich, für Förderung und Einräumung der Lizenzrechte,
- der Ackermann-Gemeinde e. V., die als Herausgeberin, Projektverantwortliche und Förderin fungiert, namentlich Herrn Bundesgeschäftsführer Matthias Dörr,

- dem Deutsch-Tschechischen Zukunftsfonds für die finanzielle Unterstützung,
- dem Národní pedagogické muzeum a knihovna J. A. Komenského (Nationales Pädagogisches Museum und Bibliothek J. A. Comenius), Prag, als Projektpartner und für die fachliche Unterstützung bei Recherche und Bildauswahl, besonders Frau PhDr. Lenka Lajsková und Frau Mgr. Marie Chrobáková,
- Herrn David Neufeld, der dieses Werk in seinem Verlag herausgibt und tatkräftig verbreitet,
- Frau Mgr. Monika Žárská und Herrn PhDr. Jiří Beneš für ihre Gutachten,
- und natürlich allen, die das Projekt durch eine Spende oder ehrenamtliche Arbeit unterstützt haben.

Pitters Aufzeichnungen beginnen im Jahr 1914. Damals hatte sich der Neunzehnjährige von der allgemeinen Kriegsbegeisterung seiner Generation anstecken lassen und freiwillig zum österreichisch-ungarischen Militär gemeldet. Doch der Weg an die Front war ihm auch eine willkommene Gelegenheit, einer unangenehmen persönlichen Situation aus dem Wege zu gehen. Und die hatte eine Vorgeschichte …

Geboren wird Přemysl Pitter am 21.6.1895 in einen gut situierten bürgerlichen Haushalt in Prag-Smíchov. Finanzielle Sorgen gab es damals im Hause Pitter nicht, aber Přemysl war ein zarter Junge – und seine Eltern sehr um ihn besorgt, denn seine sechs älteren Geschwister waren alle in jungen Jahren gestorben.

Die Mutter Žofie Pittrová, mit der ihn eine innige Beziehung verband, starb bereits 1911, als Přemysl erst fünfzehn war. Vielleicht liegt in dieser frühen Konfrontation mit dem lauernden Tod eine gewisse Feinfühligkeit dem Leben gegenüber, die Přemysl schon als Kind entwickelte.

Nach Ende der obligatorischen Schulpflicht und einem kurzen Intermezzo an der Realschule schloss er die typografische Schule sowie anschließend die Handelsakademie in Prag erfolgreich ab. Ab 1911 besuchte Pitter die Buchdruckerschule in seiner Heimatstadt und gewann danach noch praktische Erfahrung als Schriftsetzer bei einem Aufenthalt in Berlin. Mit diesen Kenntnissen wechselte er 1912 in die Druckerei seines Vaters Karel Pitter, die er später einmal übernehmen sollte. Das war leider schon viel früher der Fall, als man damit gerechnet hatte. Als sein Vater am 30.4.1913 starb, war Přemysl siebzehn Jahre alt und musste vom Gericht sogar für volljährig erklärt werden, damit er den Betrieb führen durfte.

Doch er hatte keinen rechten Erfolg als Jungunternehmer und gab seine Tätigkeit – wohl auch auf Druck der anderen an der Firma beteiligten Verwandten – ziemlich schnell wieder auf. So kam ihm die Möglichkeit, mit Beginn des Ersten Weltkrieges 1914 beim Militär zu dienen, damals ganz gelegen.

Pitters Aufzeichnungen in diesem Buch enden mit seinen Gedanken zum Prager Frühling 1968 und dessen Folgen. Er lebte zu dieser Zeit schon in Affoltern am Albis in der Schweiz. Dort hatte seine treue Mitstreiterin Olga Fierz eine kleine Erbschaft gemacht, die ihnen ein bescheidenes Leben ermöglichte. Untätig waren Přemysl und Olga zeitlebens jedoch nie. In seinen letzten Lebensjahren verfasste Pitter verschiedene Bücher und Schriften, unter anderem *Unter dem Rad der Geschichte*, das 1970 im Züricher Rotapfel-Verlag erschien und nun hier neu aufgelegt ist.

Außerdem arbeitete er aktiv mit in vielen Organisationen für tschechische Exilanten in der Schweiz, predigte in der Züricher Jan-Hus-Gemeinde und führte eine umfangreiche Korrespondenz mit den verschiedensten Menschen, denen genau wie ihm die Versöhnung zwischen Deutschen und Tschechen sowie eine friedliche Weltordnung am Herzen lag.

Am 15.2.1976 starb Přemysl Pitter mit 81 Jahren an den Folgen einer schweren Krankheit.

Es ist mir gleichzeitig Freude und Ehre, an diesem Projekt als Bearbeiterin mitzuwirken und so einen Beitrag zur Erinnerung an Přemysl Pitter zu leisten.

Und nun springen Sie gleich im ersten Kapitel mit dem neunzehnjährigen Soldat Přemysl Pitter in die Schützengräben an der galizischen Front und lassen sich von seinen Erlebnissen und von Begebenheiten erzählen, die seinem Leben eine völlig neue Wendung gaben: eine Wendung zum christlichen Glauben, deren daraus resultierende Taten für unzählige Menschen über viele Jahrzehnte zum Segen wurden.

Sabine Dittrich, im Februar 2017

Zur 2. Auflage

Braucht es diesen Lebensbericht mit seinen tiefgründigen Einsichten aus dem letzten Jahrtausend heutzutage überhaupt noch?

Unbedingt, finde ich, denn offensichtlich hat die Menschheit aus der Geschichte der letzten 100 Jahre nicht viel dazugelernt.

Přemysl Pitter, Olga Fierz und ihr Freundeskreis waren Hoffnungsbringer und Mutmacher. Sie ließen sich nicht von den schwierigen Umständen ihrer Zeit ins Bockshorn jagen und taten das offensichtlich Notwendige: Sie halfen bedürftigen Menschen in ihrer Umgebung, vor allem Kindern. Liebe deinen Nächsten – dieses Jesuswort war ihnen dabei Richtschnur, das Evangelium der Anker.

Pitters Worte ermutigen mich persönlich immer wieder, Gutes anzupacken, egal wie winzig oder sinnlos mein Tun vor dem Hintergrund unserer globalen Probleme scheint. Und seine Freundlichkeit, gepaart mit augenzwinkerndem böhmischen Humor, haben mein Herz von Anfang an erobert.

Deshalb ist es auch mein Herzensanliegen, dass dieses Buch weiterhin erhältlich ist.

Sabine Dittrich

1914–1918
Erster Weltkrieg

In vorderster Linie

Das Trommelfeuer auf die feindlichen Gräben dauerte den ganzen Tag. Und damit wurde zur Gewissheit: der Angriff stand bevor. Sie brachten das Essen; gleichzeitig fassten wir die eiserne Ration, je zweihundert Patronen und die Feldpost. Ich las meine Karte. Die Frage des Onkels, wie sie über die Hinterlassenschaft meines Vaters verfügen sollten. Wie lächerlich, ja, geradezu dumm kam mir das vor! Wenige Augenblicke noch, und der Befehl zum Angriff war da. Und dann ging es um etwas anderes als um Besitz.

Überlebe ich? Und wenn ich falle – was dann? Ich kann mir nicht vorstellen, dann wäre alles zu Ende. Das Leben – hört es denn wirklich mit dem Tode auf?

In Schwarmlinien eingeteilt, rannten, nein, stolperten wir durch ein undurchdringliches Dunkel in die Richtung, wo sich die russischen Gräben hinzogen. Danach verlor ich den Boden unter den Füßen, ich fiel in irgendeine Grube. Erdfontänen von einschlagenden Granaten stiegen rings um mich auf, über mir pfiffen die Geschosse. Ich presste mich an den Boden. Die Anspannung ließ nach, und mit einem Male fühlte ich mich wohl. Und da zwang mich wieder etwas zu denken: Wie ist das nun mit diesem Leben?

Hört es auf, hört es nicht auf? Es geht mir ja nicht um das Leben schlechthin, sondern um meines, das eigene, persönliche Leben. Wie kommt es, dass ich früher nichts Genaues darüber hörte, nichts las? Im religiösen Sinne zu glauben – das gab ich schon im Kindesalter auf. Die Frage, ob Gott existiert oder nicht existiert, die war für mich uninteressant. Was mich jetzt aber nicht mehr losließ, bis zum Unmut bewegte, war dies: Werde ich also in irgendeiner Form da sein oder nicht sein? Doch nicht nur wie eine Blume, die aus dem Grabhügel sprießt, sondern als Wesen, seiner selbst bewusst.

Es begann zu dämmern. Nun konnte ich sehen, dass ich in einen Artillerie-Beobachtungsstand gefallen war; vorsichtig schob ich den Kopf über den Rand. Vor mir, über das ganze Gelände verstreut, lag Körper an Körper. Zunächst glaubte ich, sie hätten Deckung gesucht. Dann aber begriff ich sehr schnell: Die dort hatten ausgekämpft. In diesem Augenblick sprang jemand zu mir herein, ich erschrak furchtbar. Der Leutnant unserer Kompanie, ein Wiener mit dem Schmiss des Korpsstudenten im Gesicht. Er nahm den Feldstecher, schaute über den Rand.

»Worauf warten die Kerle dort? Warum rücken sie denn nicht vor?«

»Sie können nicht, Herr Leutnant. Sie sind tot.«

Er drückte sich in einen Winkel; ich sah, wie ihn das mitnahm. Nach einer Weile sprang er plötzlich auf, kroch aus dem Unterstand und hastete zurück, tief zur Erde geduckt.

Der Tag verging und auch der nächste. Die Geschütze schwiegen und das Gewehrfeuer war schwächer geworden. Ich überlegte. Was sollte ich tun? Vorsichtig steckte ich den Kopf hinaus, aber da fühlte ich schon, als hätte mich jemand mit einer glühenden Rute unter das Kinn geschlagen. Ich drückte mir die Handfläche gegen den Hals, sie war voller Blut. Die Wunde brannte. Ich versuchte, den Kopf zu drehen, zu schlucken; es ging. Und da, da überfiel mich eine unbändige Freude: Gewonnen hab' ich, gewonnen! Das hieß Spital, Etappe[1], nach Hause …

Nach einiger Zeit hörte die Wunde zu bluten auf. Ein Verband war unnötig. Und so lag ich da, beobachtete meine nächste Umgebung und dachte nach. Hier zwischen den Schollen keimte ein Samen. Die Sonne des Frühlings hatte ihn herausgeholt; doch wie mir schien, ein wenig verkehrt. Das Samenkorn kroch hinaus und senkte die kleine Wurzel in die Erde. Wie sonderbar! Eine Hummel flog ein paarmal vorbei, sie fand nichts und summte enttäuscht davon. Vom Wald her – ich konnte ihn nur ahnen – klangen Vogelstimmen. Sie ließen sich nicht stören, weder vom Knattern der Maschinengewehre, noch von den detonierenden Granaten.

Der Rand des Unterstandes war mit Erlenzweigen und -stämmen getarnt. Jetzt begannen sie zu treiben, als steckten sie noch immer mit Wurzeln in der Erde. Einige Bienen ließen sich anlocken. Ich hatte noch keine von so nahe gesehen. Und da kam mir dieser Gedanke: Wer hat ihr gesagt, wie sie Honig bereiten, Wachs erzeugen soll? Wer hat sie gelehrt, sechseckige Waben zu bauen, so genau, wie es kein Mensch ohne Zirkel vermag? Und woher weiß diese Biene, dass so der Raum am vollkommensten ausgenutzt wird? Am Nachthimmel stand kein Mond, doch umso heller schimmerten die Sterne. Wie konnten bloß die Astronomen sogar Jahrhunderte im Voraus berechnen, wann und wo ein gewisser Stern erscheinen und wieder verschwinden würde? Das bedeutet doch: Alle diese Sterne haben ihre exakt bestimmte Bahn; mit anderen Worten, hier herrscht Gesetzmäßigkeit, Kosmos, eine Weltordnung, und keinesfalls der Zufall, das Chaos. Doch wie sind diese Ordnung und Gesetze entstanden? Von selbst? Was für ein Unsinn!

Ich begann auch über meinen Körper nachzudenken. Was für ein sinnreiches Werkzeug war beispielsweise das Auge. Wer vermag ein künstliches Auge herzustellen, das sehen, ein Ohr, das

1 Militärisch: Gebiet hinter der Front mit Nachschub, Lazarett usw.

hören kann, ein Herz, das von selbst schlägt? Und wie ist das mit der Materie, dieser toten Materie? Wissenschaftler behaupten, dass ihre kleinsten Elemente eine ungeheure Energie in sich bergen. In ihrer Zusammensetzung herrscht die gleiche Gesetzmäßigkeit wie im Universum – also wiederum Kosmos, Ordnung. Ja – die Natur, der Mikrokosmos, Makrokosmos – das alles hat seinen Sinn, Zweck, sein Ziel – doch was ist mit mir? Werde ich nach dem Tode sein?

Ich sank in tiefen Schlaf, fühlte, dass mich jemand rüttelte, und wachte auf. Im grellen Licht der Sonne gewahrte ich über mir einen Sanitäter. Er fragte mich, ob ich verwundet sei. Ich zeigte ihm den Hals mit eingetrocknetem Blut. Der Sanitäter schickte mich zurück, zum Verbandplatz. Nur noch von Ferne hörte man Schießen. Am Verbandplatz wuschen sie mir die Wunde bloß aus und gaben Jod darauf. Die Kugel hatte nur die Haut geschürft, nicht mehr. Ich war unglücklich; mein Traum von der Rückkehr verflog.

Der Leutnant hieß mich mit einer strammen Ohrfeige auf die rechte Wange willkommen; er war Linkshänder. Ich ging mir Essen holen – nach fünf Tagen. Der Koch warf mir ein Stück Fleisch ins Essgeschirr und schüttete es bis zum Rand mit Suppe voll. Ich verspürte auf einmal einen derartigen Hunger, dass ich mir nicht die Zeit nahm, den Löffel herauszuholen und die Suppe direkt aus dem Essgeschirr trinken wollte. Aber was war das? Die ganze Suppe war weg – nur ein Stück Rindfleisch lag auf dem Boden. Einen Augenblick schaute ich verwundert, wie die Suppe verschwinden konnte; bis ich in der Nähe des Bodens zwei einander gegenüberliegende, runde Öffnungen sah – Einschuss und Ausschuss. Diese Kugel war für meinen Kopf bestimmt gewesen, über den das Essgeschirr herausragte.

Von unserer ganzen Kompanie war eine Handvoll übriggeblieben. Ich wurde von neuem eingeteilt, diesmal auf Spähtrupp. Wir warteten, bis es dunkel wurde. Der Leutnant ging zum kleinen, von dichtem Gebüsch umsäumten Wald. Nur da und dort krachte ein Gewehrschuss. Vom Wäldchen her klang ein anderer Schuss, aus einer Pistole. Nach einer Weile ging der Sanitäter vorbei und sagte: »Leutnant Keller ist verwundet – an der rechten Hand.« Wir sahen einander nicht, wahrscheinlich aber dachten wir uns alle das gleiche: »So also sehen die Draufgänger aus! Doch sie werden ihm schon draufkommen!« Ich erinnerte mich, wie er uns mit vorgehaltener Pistole in einen Bajonettangriff jagte. Wir brüllten »Hurra« – einerseits aus Angst, andererseits, um denen vor uns Angst einzujagen. Das gelang uns, die meisten liefen davon. Und jene, die bis zum letzten Augenblick auf uns feuerten, hoben die Hände. Es nützte ihnen wenig. Die aufgebrachten Kameraden erschlugen sie mit Gewehrkolben.

Dann war Alarm, der Gegner revanchierte sich mit einem Gegenangriff. Wir schossen wie besessen. Wenn sie zu uns in die Gräben hineinsprangen, dann gab es ein Massaker! Ich schoss, dass der Gewehrlauf glühte. Es war finster, wir sahen niemanden, zielten auf niemanden, trotzdem aber lagen am Morgen viele Tote vor unseren Gräben. Ich konnte ins Blaue feuern, doch mich erfasste ein Grauen bei der Vorstellung, ich sollte auf jemanden, den ich sah, schießen oder ihm das Bajonett in den Bauch stoßen.

Mein Entschluss stand fest. Gedeckt von der Finsternis, schlich ich mich aus der Reihe fort und machte mich auf den Weg in die Etappe. Ich versteckte mich in Scheunen und verlassenen Hütten, bei den noch verbliebenen polnischen Bauern bat ich um Essen. Ich steuerte der Heimat zu. Nicht lange. Ich fiel den Feldgendarmen in die Hände. Sie übergaben mich dem Etappengericht in Zakliczyn. Mit einem kleinen galizischen Juden, so jung wie ich, teilte ich die Zelle. Er hatte schon die Gerichtsverhandlung hinter sich, jammerte die ganze Nacht, rief nach der Mutter. Am Morgen führten sie ihn hinaus. Die Stelle an der Friedhofsmauer, wo er begraben wurde, habe ich nach Jahren aufgesucht.

Auf die Hinrichtung zu warten ist vielleicht schlimmer als die Hinrichtung selbst. Der Profos[2] holte mich ab. Vorher hatte ich die

2 Für die Strafverfolgung bzw. -vollstreckung zuständiger Militärbeamter.

Schuhe ausgezogen, nach vier Wochen zum ersten Mal. Die Füße waren geschwollen, blau und brannten furchtbar.

»Ziehen Sie die Schuhe an und kommen Sie zum Verhör!«

»Ich kann nicht«, sagte ich, »schauen Sie!« Er sah hin, stand einen Augenblick still da und ging dann fort. Nach einer Weile kam er mit dem Militärrichter. Auch er besah sich meine Füße und fragte mich aus. Ich sagte ihm alles, wie es war. Wortlos ging er weg. Ich wartete, was weiter sein würde. Tage vergingen – oder waren es bloß Stunden? Ich verlor das Zeitgefühl.

Die Füße erholten sich, ich konnte wieder die Schuhe anziehen. Ich wurde auf den Hof hinausgeführt, wo bereits eine Abteilung Soldaten stand. Ich bekam meine Blechkapsel mit dem Ausweis, trat ins Glied und marschierte mit der Abteilung in Richtung Front ab. Doch nicht in den Abschnitt, von wo ich desertiert war, sondern in einen anderen Abschnitt, zu einem anderen Regiment. Erst jetzt fiel mir ein, den neuen Ausweis anzusehen: Eine andere Kompanie, ein anderes Regiment, bei dem sie mich nicht kannten, von meiner Flucht nichts wussten! Im Geiste pries ich den lieben Richter. Später erfuhr ich, dass er im Zivilberuf Advokat in Prag war.

Die Geschichte mit meiner Flucht wiederholte sich, und wieder wurde ich gefangen. Diesmal aber zum Tode verurteilt, direkt an der Front. In der Nacht vor der Hinrichtung griff unerwartet der Feind an; die Front wurde durchbrochen, Verwirrung und Flucht waren allgemein. Auch meine Bewachung machte sich davon; ich wagte es, erneut zu fliehen. Diesmal aber, durch Erfahrung belehrt, stahl ich mich in einen Verwundeten- und Krankentransport und gelangte mit ihm bis in die ersehnte Heimat. Wir wurden auf Lazarette verteilt. Nach einiger Zeit kam ich zu den Rekonvaleszenten und wartete auf den Abtransport zum Kader meines Regimentes, das in der Zwischenzeit von Prag in die Steiermark verlegt worden war.

Die Langeweile vertrieb ich mir mit Spaziergängen und Lektüre. Ich machte die Bekanntschaft einer älteren Frau, die für meine brennenden Fragen Verständnis besaß. Mit einem Buch, das sie mir lieh, ging ich in die Einsamkeit des schwarzen Berges über der

Prager Vorstadt Košíře hinaus. Es waren Tolstois *Volkserzählungen: Wo Liebe, dort Gott; Wovon die Menschen leben; Zwei Greise* und andere. Nichts hatte mich bisher so tief beeindruckt wie diese Erzählungen. Jeder gingen Zitate aus den Evangelien voraus. Diese Sätze – die sollten in der Bibel stehen? Ich besorgte mir ein Neues Testament, um mich zu überzeugen, dass sich Tolstoi die Auszüge aus den Evangelien nicht ausgedacht oder etwas hinzugefügt hatte. Ich las und staunte. Welch eine Tiefe, welch eine Schönheit! Wie war es möglich, dass ich niemals vorher die Evangelien gelesen hatte, nicht einmal gehört?

Es eröffnete sich mir eine neue Welt. Ins Lesen vertieft, machte es mir nichts aus, dass ich dies und jenes nicht begriff, nicht in Einklang brachte mit dem Verstand. Denn das, was man ohne Schwierigkeiten verstehen konnte, das war so voller Wahrheit, weise und erhebend, dass es keiner Erklärung bedurfte. »Wie nur ist es möglich«, sagte ich zu mir, »dass die Menschen einen derartigen Schatz in der Hand haben und seine Bedeutung, seinen Wert, nicht kennen? Gäbe es denn überhaupt Kriege, blutige Revolutionen, Unterdrückung und Rechtlosigkeit, wenn die Menschen wüssten, was Jesus lehrt?«

Nach meiner Rückkehr von der russischen Front begrüßten mich die Verwandten und so mancher Bekannte mit dem Vorwurf, warum ich nicht zu unseren slawischen Brüdern übergelaufen sei. An ihrer Seite wäre doch jetzt unser Platz, damit wir die verhasste österreichisch-ungarische Monarchie zerstören könnten, die alle nichtdeutschen und nichtmadjarischen Völker unterdrückte! Schon damals liefen tschechische Soldaten einzeln und scharenweise zum Feind über, der für sie ein Freund war. Auf Anregung Masaryks[3] bildeten sie dort später Legionen, mit deren Hilfe es

3 Tomáš Garrigue Masaryk (* 7. März 1850 in Hodonín, Mähren; † 14. September 1937 in Lány) war ein tschechischer Philosoph, Schriftsteller und Politiker sowie Mitbegründer und erster Staatspräsident der Tschechoslowakei (1918–1935).

gelang, der tschechischen und slowakischen Nation die politische Selbstständigkeit zu erkämpfen. Meine lieben Leute konnten nicht verstehen, wie schwer und gefährlich so ein Versuch war, überzulaufen. Und wie viele unserer Soldaten ihn mit dem Leben bezahlten. Denn auf russischer Seite standen nicht bloß Russen, sondern auch Angehörige verschiedener asiatischer Stämme, die sich für ihre gefallenen Kameraden unbarmherzig an den Gefangenen rächten. Mit Schrecken erinnere ich mich an unseren Zugführer. Es gelang ihm, zu den Russen überzulaufen. Nach Erstürmung der russischen Gräben fanden wir ihn. Mit aufgeschlitztem Bauch. Das hat Einzelne stärker vom Überlaufen abgehalten als die Drohungen der österreichischen Kommandanten.

Der Telefonist

EINES TAGES TRANSPORTIERTEN SIE UNS wieder an die Front, diesmal nach Süden. Ich meldete mich zum Telefondienst, und nach ziemlich kurzer Ausbildung wurde ich dem Bataillonskommando zugeteilt. Ich war glücklich, dass ich auf diese Weise dem Dienst mit der Waffe entgangen und nicht gezwungen war, auf jemanden zu schießen oder Granaten zu werfen.

Die österreichischen Gräben zogen sich an den Bergkämmen und Anhöhen oberhalb des Isonzo entlang; stellenweise waren sie von den italienischen Gräben nur so weit entfernt, wie man mit einer Handgranate werfen konnte. Es war geradezu gemütlich in der Kaverne des Major M. Sie bestand zum Teil aus einer Felsspalte, die Soldaten so erweitert und verschalt hatten, dass zwei kleine Zimmer entstanden; das größere für den Befehlshaber des Abschnitts, dass kleinere für seinen Adjutanten. Die Karbidlampe war zur Hälfte mit einem primitiven Lampenschirm abgedeckt. Dadurch fiel das Licht nur auf den mit einer Unmenge von Karten und Papieren bedeckten Tisch und nebenan auf das kleinere Tischchen. An ihm saß der Dienst tuende Militärtelefonist mit dem umgeschnallten Hörer am Ohr.

Die Kaverne war vor den italienischen Granaten gut geschützt. In hohem Bogen schlugen sie ein gutes Stück von dem steilen Felsen entfernt auf, an dessen Fuß sich der Unterstand des Kommandanten duckte. Der Eingang in den Unterstand erinnerte an einen Ziegenstall. Von seinem Türchen aus öffnete sich der Blick in ein Tal, das man einmal als lieblich bezeichnet haben mochte. Auf dem gegenüberliegenden, von einem Wäldchen Edelkastanien umsäumt und jetzt grauenhaft verwüsteten Abhang lagen die Trümmer eines Ausflugslokales verstreut. Auf dem kleinen See, der wahrscheinlich die Attraktion dieses reizvollen Ortes gewesen war, schwammen Wrackteile von Kähnen und die aufgedunsenen Körper jener Soldaten, die beim Überqueren der Brücke über den See ein Schrapnellsplitter traf. Die Landschaft war einst ein herrlicher

Rosengarten; nach ihm erhielt das Tal seinen Namen. Jetzt sah das Gelände von weitem wie ein pockennarbiges Gesicht aus; Trichter an Trichter, von italienischen Granaten hineingewühlt.

Major M. lag auf dem aus ein paar Brettern zusammengezimmerten Bett. Er war angezogen, in Schuhen, in eine Decke gehüllt. Major M. hatte die Hände hinter dem Kopf verschränkt, die Augen geschlossen; doch er schlief nicht. Draußen war es verhältnismäßig still. Den gleichmäßigen Geschützdonner nahm das Ohr schon nicht mehr wahr. Von Zeit zu Zeit wurde die Ruhe vom Bellen der Maschinengewehre oder den dumpfen Explosionen der Minen unterbrochen. Das Gewehrfeuer hatte beinahe aufgehört.

»Wie spät ist es?«, fragte der Kommandant.

»Halb drei, Herr Major«, antwortete ich.

»In der Früh, nicht wahr?«

»Jawohl, Herr Major.«

»Man weiß bald nicht mehr, ob es Tag oder Nacht ist.«

In diesem Augenblick schnaufte und knarrte es hinter der Bretterwand so, als würde sich ein Mensch im Schlaf bewegen. »Und der dort schnarcht wie zu Hause im Federbett«, sagte der Major zu sich selbst und drehte sich mürrisch mit dem Gesicht zu mir.

»Erzählen Sie mir was! Es ist zum verrückt werden, so dazuliegen, zu grübeln und nicht zu schlafen.«

Wir hatten Major M. gerne. Er stellte sich immer als Marquis vor. Die Soldaten behandelte er taktvoll, sogar liebenswürdig, was beim Militär ungewöhnlich war. Seitdem er das Bataillonskommando übernommen hatte, war auch die Verpflegung besser geworden. Angeblich war er früher bei der Kavallerie gewesen. Nach ihrer Auflösung wurde er zu unserem Infanterie-Regiment verlegt, dessen Aufgabe es war, die Gebirgskette oberhalb des zerschossenen Görz[4] zu halten.

4 Heute italienisch-slowenische Grenzstadt Nova Gorica.

»Herr Major«, sagte ich und rückte den Telefonhörer etwas zur Seite, »haben Sie einmal *Die verkaufte Braut* von Friedrich Smetana gehört?«

»Ich weiß etwas von ihr, habe sie aber noch nie gehört. Früher, bevor ich zu diesem Regiment kam, habe ich überhaupt wenig von euch Tschechen gewusst. Ich wundere mich, wie wenig man gewöhnlich von euch weiß; ihr besitzt doch viel Interessantes. Neulich spielte in der Offiziersmesse ein tschechischer Leutnant einige Ausschnitte aus dieser eurer *Verkauften Braut*, er sang sogar hübsch. Angeblich soll es eine komische Oper sein; mir aber schien es nicht so. Zumindest das, was er sang, war voller Wehmut.«

»Sie haben recht, Herr Major. Wir Tschechen lachen oft, und dabei weinen wir. Diese *Verkaufte Braut* spricht uns aus der Seele, die Seele unseres Volkes wohnt in der *Verkauften Braut*.«

»Ich liebe eure Volkslieder; wenn wir in Ruhestellung zurückkehren, müssen Sie mir wieder einen Chor aufstellen. Spielen Sie auch ein Instrument?«

»Geige. Aber ich habe lange nicht geübt. Ich liebe Musik. Bislang diente sie mir als Ersatz für die Religion.«

»Jetzt nicht mehr?«

»Nein, weil man Religion durch nichts ersetzen kann.«

»Glauben Sie an Gott?«

»Ich bemühe mich zu glauben.«

»Und warum glauben Sie nicht richtig?«

»Wenn ich wahrhaft an Gott glauben würde, säße ich nicht da.«

»Und was würden Sie tun?«

»Ich weiß nicht. Vielleicht wäre ich im Gefängnis, vielleicht würde ich nicht mehr atmen.«

»Wieso?« Der Major öffnete weit die Augen und schaute mich voll an.

Ich konnte keine Worte finden. Nach einer Weile sagte ich wahrheitsgemäß: »Ich fürchte mich, aufrichtig zu sprechen.«

»Wenn Sie nicht wollen, dann reden Sie nicht. Doch Sie brauchen sich nicht zu fürchten.«

Es war eine ungewöhnliche Stunde; einer jener Augenblicke, in denen sich zwei Personen von verschiedenem Stand und Alter plötzlich als einfache Menschen in der gleichen verzweifelten Situation begegnen.

»Sie haben mich nach meinem Glauben an Gott gefragt, Herr Major. Ich glaube, es ist Gottes Wille, dass wir einander nicht erschlagen; dass wir uns gegenseitig helfen und dienen, dass wir einander verzeihen und sogar auch jene lieben, die uns Leid zufügen, unsere Feinde sind. Ich meine, das wäre auch sehr zweckdienlich, weil wir Feindschaft nicht durch Feindschaft aus der Welt schaffen, das Böse nicht durch Böses überwinden; allein nur durch das Gute, durch Liebe. Würde ich an Gott wahrhaftig glauben, dann wäre ich nicht hier und würde nicht helfen, unschuldige Menschen zu verstümmeln, zu ermorden.« Das waren nicht so ganz meine eigenen Worte, ich hatte sie vor kurzem gelesen. Aber die Schlussfolgerung stammte von mir. Ich fühlte, im Eifer war ich zu weit gegangen. Was würde der Major tun? Er warf sich auf dem Bett herum, dass es bedenklich schwankte, und drehte sich zur Wand.

In diesem Augenblick gellten die Maschinengewehre los, heftiges Gewehrfeuer krachte und verschmolz zu einem ununterbrochenen Brüllen, ähnlich dem Getöse eines mächtigen Wasserfalles. Der Major sprang vom Bett auf, stürzte zum Telefon.

»Was ist los?«

Ich zog die Meldungen der Kompaniekommandanten ein. Sie konnten sich die plötzliche Wiederbelebung der Front nicht erklären. Ein Angriff des Feindes war von keiner Stelle gemeldet worden. Für alle Fälle befahl der Major Alarm und Bereitschaft für den ganzen Abschnitt. Das Geplänkel wurde offensichtlich durch die Voreiligkeit einer übereifrigen oder zu ängstlichen Wache ausgelöst.

»Nicht einmal eine Weile können sie Ruhe geben!«, brummte der Major. Im Türspalt erschien auch schon der zerzauste Kopf des Adjutanten. Mit verstörten Augen und verschlafenem Gesicht fragte er, was sich oben täte.

»Herr Major, es meldet sich das Divisionskommando; was soll ich melden?«

»Geben Sie her«, sagte der Major und setzte sich selbst zum Apparat. Ich stand auf und streckte den schmerzenden Rücken. Der Major sprach mit dem Adjutanten des Divisionsgenerals. Dann befahl er mir, den Kommandanten des linken Flügels, Hauptmann P., aufzufordern, er solle sich sofort persönlich auf Rekognoszierung[5] begeben und Meldung über die Situation erstatten. Zum Knattern der Gewehre kam jetzt auf beiden Seiten die Artillerie hinzu. Die übliche Musik des Krieges begrüßte den erwachenden Tag. Meldung folgte auf Meldung, ich teilte sie gleich dem Kommandanten mit. Nachdenklich saß er über den Karten und blickte über sie hinweg irgendwohin ins Leere. Mir schien, er hörte nicht einmal, was ich angab. Plötzlich kam die Meldung: Hauptmann P. auf Rekognoszierung verwundet! Schuss ins Knie.

»Da haben wir's«, sagte der Major, »auch ihn hat es erwischt.«

Es dauerte nicht lange, da erscholl vor dem Eingang zum Unterstand ein Geräusch und Stimmengewirr. Der Major selbst öffnete. Im Dämmerlicht des Morgens erschienen Soldaten mit weißer Binde und rotem Kreuz am Ärmel. Sie stützten den verwundeten Offizier. Sie wurden von einem jungen Fähnrich begleitet, der sich sogleich beim Kommandanten meldete. Der Major ließ ihn nicht ausreden und befahl, den Verwundeten hineinzuführen, auf das Bett zu legen und draußen zu warten. Kaum war das geschehen, begann der Hauptmann herzzerreißend zu weinen. »Herr Major, Herr Major…«

»Das ist doch nichts«, tröstete ihn der Major; offensichtlich schämte er sich über das nicht gerade heldenhafte Gebaren des Verwundeten. »Das sind die Nerven, die übermäßige Nervenanspannung. Da hast du, trink einen Schluck Cognac, das tut dir gut.« Doch der Hauptmann fing noch mehr zu weinen an und plapperte: »Herr Major, Herr Major…« Der Major ärgerte sich

5 Erkundung, militärische Aufklärung.

schon und sagte: »Was willst du denn noch? Du hast es doch gut! So ein Tausendguldenschuss! Den Splitter nehmen sie dir heraus, du bekommst Urlaub, siehst deine Frau. Und dann stecken sie dich irgendwohin in eine Kanzlei oder zum Train[6]. Wer weiß, was auf uns hier noch wartet!«

Aber der Verwundete hörte nicht auf zu jammern: »Herr Major, Herr Major, empfehlen Sie mich zur Beförderung und vergessen Sie nicht das *VauKa*[7]!«

Angewidert wandte sich der Major ab. »Ich werde tun, was ich kann. Aber jetzt genug!« Der Arzt trat ein. Während er Jod auf die Wunde gab, stöhnte der Verwundete andauernd.

»Der Splitter sitzt im Knie. Das ist gar nicht so schlimm. Besser der Fuß als der Kopf«, meinte der Arzt. Nach einer Weile trugen sie den Hauptmann auf den Verbandplatz.

Die Sonne stieg über den gegenüberliegenden Abhang und tauchte alles rings umher in einen roten Glanz. Der Major öffnete und stellte sich an die Tür. Einige Strahlen fielen bis zu mir hinein.

»Heute wird ein schöner Tag!«

»Das wird wieder ein schöner Tag werden!«, wiederholte der Major betont ironisch.

Der Geschützdonner ließ nicht nach; im Gegenteil, er steigerte sich zum Trommelfeuer. Ich rief: »Herr Major, ich erhalte die Meldung: die Italiener greifen am rechten Flügel an! Die fünfte und sechste Kompanie fordern eine Verstärkung der Vorräte an Handgranaten.« Der Major ging im Raum auf und ab und erteilte ruhig Befehle an die einzelnen Kompanien. Das Bewusstsein verlor das Gefühl für Zeit. Plötzlich erstarb der Schlachtenlärm. Die Kommandanten der Kompanien meldeten, der Angriff sei abgeschlagen, ein Teil der Angreifer umzingelt und gefangen. Diese Meldung gab ich der Division weiter.

---

6 Militärisch: Nachschub.

7 Abkürzung für Verdienstkreuz.

Nach kurzer Zeit drang von draußen der Schall vieler Stimmen herein. Ein Telefonist betrat die Kaverne, meldete sich beim Major und sagte, er übernehme den Dienst. Müde legte ich den Telefonhörer weg, ging hinaus. Da bot sich mir ein ungewöhnlicher Anblick. Eine Reihe gefangener italienischer Soldaten stieg den glitschigen Weg von den Gräben hinunter und ging gerade an der Kaverne des Kommandanten vorbei. Es waren lauter Milchbärte, fast noch Kinder, vom Scheitel bis zur Sohle mit Schlamm bespritzt. Und mit Augen, in denen noch die Spuren des soeben erlebten Schreckens standen. Aber sie lachten laut; die schneeweißen Zähne stachen deutlich von der braunen Haut ab. Sie freuten sich maßlos, dass sie gefangen genommen, der Hölle entronnen waren. Soldaten in österreichischen Uniformen umringten sie, drückten ihnen die Hände, redeten tschechisch auf sie ein.

Ich sah es, und mir wurde die Kehle eng. Ich wandte mich ab, um meine Ergriffenheit zu verbergen. Mein Blick fiel auf den Kommandanten, er stand in der Tür. Eine Träne lief über seine Wange.

* * *

Es traten neue Verschiebungen ein, Nachschub von Truppen und Munition. Wir Telefonisten hatten erhöhte Bereitschaft. Ich las am Telefon die langen Listen des Materials vor, das zu uns hertransportiert werden sollte, einschließlich Schnaps. Er war der notwendige Ansporn für die Sturmtruppen. Und da kam mir plötzlich die Erkenntnis, was ich, der Soldat ohne Waffen, für ein notwendiges und wichtiges Rädchen in diesem mörderischen Getriebe war.

Wie kam es, dass ich mir dessen nicht früher bewusst geworden war? Der Mensch ist doch manchmal unbegreiflich blind und begriffsstutzig. Doch was sollte ich tun? Von hier konnte man weder fliehen noch überlaufen!

Den Dienst zu verweigern – dazu besaß ich nicht den Mut. Im Grunde genommen war mir diese Möglichkeit nicht einmal eingefallen. Ich wusste zwar von einem Fall, wo ein junger Fähnrich – man sagte, irgendein Sektierer – den Dienst verweigert hatte und von zwei Offizieren abgeführt wurde. Bei einem anderen Fall handelte es sich um einen Kameraden, der es ablehnte, Übungsgranaten zu werfen; er wolle nicht lernen, Menschen zu erschlagen. Ich habe nie erfahren, was mit den beiden geschah.

Meinen Schlaf beunruhigten furchtbare Träume. Bilder von der galizischen Front kehrten zurück, ich erlebte von neuem Bajonettangriffe. Eine dieser von der Fantasie verzeichneten Szenen habe ich im Gedicht *Während des Angriffs* festgehalten. Später habe ich es zusammen mit anderen Versen aus dieser Zeit unter dem Titel *Im feldgrauen Rock* herausgegeben.

Die Offensive war für 0:01 Uhr angekündigt. Zwei Stunden vorher sollte ich meinen Dienst antreten. Mir blieben noch einige Stunden Ruhe. Mein Schlaf wurde von Erinnerungen daran unterbrochen, wie wir bei der Frühjahrsoffensive den Russen auf den Fersen blieben, damit sie keine Zeit gewannen, sich einzugraben. Innerhalb dreier Tage sieben Bajonettangriffe!

Im Traum sah ich mich selbst auf den Gräben stehen, mit vorbereitetem Gewehr und aufgesetztem Bajonett. Ich bemerkte schon den, der mich aufs Korn genommen hatte. Ich schaute ihn starr an und mit Entsetzen erkannte ich, dass er statt der Uniform ein lichtes Gewand und auf dem Haupt eine Dornenkrone trug.

Als mich der Kamerad wecken kam, fand er mich in hohem Fieber und fast bewusstlos. Nur wie im Schlaf nahm ich wahr, dass sie mich auf einer Bahre wegtrugen. Am Morgen kam ich zu mir. Erde und Luft bebten von den Detonationen aller Kaliber. Ich lag im Feldlazarett, umgeben von stöhnenden Verwundeten. Sie legten uns auf kleine Wagen und fuhren uns in die Etappe.

Der Sanitäter

DIE KRANKHEIT DAUERTE NICHT LANGE. Bis heute weiß ich nicht, was es war. Bald kam ich wieder zu einem Marschbataillon. Wir fuhren durch das fruchtbare Bosnien und die felsige Herzegowina.

In Trebinje stiegen wir aus und machten uns, in voller Ausrüstung, auf den die ganze Nacht währenden Marsch zur Festung Bileća an der montenegrinischen Grenze. Die ersten zwei Stunden bergauf ging es noch; dann aber begannen die Soldaten umzufallen. Auch mich überkam eine Schwäche, einen Augenblick taumelte ich, verlor das Gewehr und fiel.

Der junge Kommandant beugte sich über mich und sagte mit weicher, ein wenig vorwurfsvoller Stimme: »Sie wollen also, dass Sie die Sanitäter tragen, die sich auch kaum noch auf den Beinen halten.« Ich erhob mich und tippelte weiter bis zum Morgengrauen, wo sich für uns das Tor der Festung von Bileća öffnete. Es war eine furchtbare Hitze. Die glühenden Felsen und das heiße Mauerwerk der Festung machten selbst in der Nacht ein Schlafen unmöglich. Dann kam der Befehl zum Weitermarsch nach Albanien. Ich verbrachte die ganze Nacht auf der Latrine. Am Morgen fanden sie mich auf der Erde in blutigem Kot.

Das Bataillon marschierte ab. Ich blieb in der Isolierbaracke, die ein dichter und hoher Zaun aus Stacheldraht umgab. Im Fieber machte ich mein ganzes bisheriges Leben noch einmal durch; auch mit Einzelheiten, die meinem Gedächtnis schon längst entfallen waren. Doch ich erlebte auch jene glückseligen Augenblicke, da sich der Geist frei macht von den Fesseln der Zeitlichkeit und Körperlichkeit und dem Geist sich Dinge offenbaren, für die es keine Worte gibt.

Nach der Genesung kam die Stunde, in der ich den Weg zu meinem Bataillon antreten sollte. Von den Verwundeten und Kranken, die von dort zurückkehrten, erfuhren wir, wie gefährlich und grauenvoll die Front war. Es gab niemanden, gegen den man kämpfen konnte, weil man den Feind nicht sah; seine Kugeln aber kamen geflogen, woher man sie nicht vermutete. In Albanien kämpften nämlich die österreichischen gegen französische und italienische Truppen. Die größten Schwierigkeiten aber bereitete ihnen die einheimische albanische Bevölkerung, sie verteidigte ihre Selbstständigkeit. Was die tückische Waffe nicht vernichtete, vernichtete die Malaria.

Ich ging zum Chefarzt. Er hatte Nachtdienst, saß allein in der Kanzlei und trank. Er fragte, was ich wolle, und lachte betrunken. Ich bot mich ihm als Krankenpfleger an. »Melden Sie sich morgen bei mir«, antwortete er. Ich fürchtete, er werde sich am nächsten Tag an nichts erinnern. Doch er erinnerte sich. Er trug mir auf, was und wie ich's machen sollte, und meine dienstliche Zuteilung veranlasste er selbst.

Den großen Ordinationsraum füllte eine Menge Soldaten; bis zur Körperhälfte entkleidet, rückten sie im Gänsemarsch bis zum Fenster vor. Hier stand der Arzt im weißen Kittel bei Tisch und untersuchte flüchtig die Kranken. Ein wenig weiter saß eine Gruppe auf einer Bank und wartete, bis der Sanitätsgehilfe frei sein, ihnen die Wunden behandeln und verbinden würde.

Jetzt befand er sich neben dem Arzt, stellte den Kranken stereotype Fragen in all den Sprachen, die man im ehemaligen Österreich-Ungarn gesprochen hat; die Antworten übersetzte er kurz und bündig ins Deutsche. Einigen legte der Sanitätsgehilfe Thermometer unter die Achseln und setzte sie abseits auf einen Sessel; anderen schüttete er, nach Verordnung des Arztes, verschiedene Pulver in den Mund.

Das würde von jetzt ab meine Arbeit sein, weil der bisherige dienstführende Sanitätsgehilfe zu seinem Regiment abging. Zur Hand standen mir drei Herzegowiner, kluge und geschickte Burschen.

Die Zahl der Kranken nahm nicht ab, obwohl sie beim Arzt kaum stehen blieben. Die einen gingen weg, und neue, immer wieder neue traten an. So war es Tag für Tag, von früh bis in die Mittagsstunden, immer dasselbe. Auch die Krankheiten blieben die gleichen. Selten gab es etwas Besonderes. Ein beträchtlicher Teil der Kranken ging niedergeschlagen, mit halblaut gemurmeltem Widerspruch fort, den niemand beachtete. Sie wurden nicht für krank befunden, jetzt erwartete sie eine Strafe wegen Simulierens. Und trotzdem erschienen viele von ihnen nach ein paar Tagen wieder; in der Hoffnung, dass ihnen vielleicht doch einmal das Glück lächeln würde.

Endlich kam der letzte an die Reihe. Dann noch schnell einige chirurgische Eingriffe, alles Übrige erledigte der Sanitätsgehilfe.

* * *

Doktor H. war kein schlechter Mensch, seinen Beruf hat er verstanden: ein geschickter Chirurg, den sie oft ins Festungsspital zu besonders schweren Operationen riefen. Er hatte immer wieder Momente, wo er ganz empfindsam war, und gleich darauf kamen Augenblicke einer geradezu grausamen Bosheit. Ohne sonderlichen Grund schlug er einem Soldaten ins Gesicht und beschimpfte ihn gemein.

Er war angeblich Tiroler, in Zivil praktischer Arzt. Ich fühlte, er war unglücklich. Vielleicht liebte er seine Beschäftigung, aber diese Schinderei widerte ihn an. Er sah, seine Arbeit war nutzlos, überflüssig. Denn alle diese armen Schlucker waren krank, krank an Geist und Körper; ihm jedoch wurde vorgeschrieben, wieviel Prozent er anerkennen dürfe, während sich doch alle sehnten, so krank zu sein, dass sie ins Zivilleben kamen. Aber all das war mir anfangs nicht klar.

Nach beendeter Ordination setzte sich der Doktor müde zum Tisch, las die Listen durch und unterschrieb sie.

»Was gibt's Neues im Marodenzimmer?« Ich berichtete kurz über die achtunddreißig Patienten, die nebeneinander in der Krankenabteilung lagen.

»Ich schau sie mir an.«

Wir blieben bei dem Bett eines Bosniers stehen, der den ganzen Tag regungslos dalag. Er trug seinen Fes, bis über die Ohren gestülpt, dauernd auf dem Kopf; er war Mohammedaner.

»Sechs Mann haben ihn hergebracht. Er schüttelte sich derart, dass er sie weit von sich warf. Ich legte ihn zunächst auf den Boden und beobachtete ihn aus einer gewissen Entfernung. Solange er allein war, lag er ruhig, völlig bewusstlos. Sobald sich jemand näherte, begann er sich aufzubäumen. Als die Krämpfe aufhörten, legten wir ihn auf das Bett. Er ist ständig bewusstlos, ruft aber zeitweise jemanden mit Namen und unterhält sich mit ihm. Wenn ich ein Weilchen Zeit habe, sitze ich bei ihm. Er fragt jemanden, antwortet jemandem, manchmal lächelt er, ein andermal lauscht er mit einem aufmerksamen Ausdruck im Gesicht. Meinen Worten gegenüber ist er vollkommen apathisch, offenbar erfasst er sie nicht. Es ist merkwürdig.«

»Es gibt viele merkwürdige Dinge, die wir nicht begreifen«, sagte der Doktor. »Lassen Sie ihn in Ruhe und pfuschen Sie den Psychiatern nicht ins Handwerk.«

»Ich bedaure sehr, dass ich nicht Medizin studiert habe. Psychiatrie wäre mein liebstes Fachgebiet. Studieren und kranke Seelen heilen ...«

»Hören Sie auf«, fiel mir der Doktor verächtlich ins Wort, »Psychiatrie ist der größte Betrug. Weiß nichts von der Seele und macht eine Wissenschaft daraus.«

Nach der Visite sagte der Doktor: »Kommen Sie nachmittags zu mir in die Wohnung. Ich werde Ihnen einige Krankengeschichten diktieren.«

* * *

Doktor H. bewohnte mit seiner Frau eine Privatwohnung in der Stadt. Frau Doktor, schlicht und herzlich, öffnete mir. Der Doktor führte mich ins Zimmer und setzte mir zunächst eine Mehlspeise vor. Dann begann er zerstreut zu diktieren. Als er geendet hatte, reichte er mir einen Brief im Umschlag ohne Adresse und sagte:

»Würden Sie diesen Brief Fräulein Jolana im Café Corso bringen? Sie ist dort Kellnerin.« Damit begleitete er mich zur Tür.

Ich war überrascht und verwirrt. Es beruhte also doch auf Wahrheit, was man von ihm erzählte? Er sei allzu häufig Gast bei Fräulein Jolana. Der Brief brannte mir in der Hand. Sollte ich der Helfer sein in dieser unschönen Angelegenheit? Ich besaß nicht den Mut, abzulehnen, wusste auch nicht, wie ich das machen könnte. Wie hätte mich das Vertrauen des Vorgesetzten gefreut, hätte es einer anderen Sache gegolten!

Ich ging bis zum Eingang des Cafés und ließ mir das Mädchen herausrufen. Ich kannte sie zufällig vom Sehen. Ich war auf der breiten Straße oft spazieren gegangen und hatte sie vor der Tür bemerkt.

»Doktor H. schickt mich zu Ihnen. Ich habe für Sie einen Brief.«

»Er schreibt mir? Er ist so gut zu mir!«

»Ich weiß, aber das ist nicht recht.«

»Warum? Das verdien' ich nicht, gelt?«

»Aber nein. Doch er hat eine liebe Frau, gewiss ist sie unglücklich.«

»Das tut mir leid. Aber was soll ich tun? Ich habe ihm schon gesagt, was man so redet. Er ist unvorsichtig, viele Leute sehen, dass er mich häufig besucht.«

»Sicher leidet auch er. Wenn er und seine Frau Ihnen leidtun, werden Sie schon eine Möglichkeit finden, Schluss zu machen. Bleiben Sie gesund und nehmen Sie es mir nicht übel.«

* * *

Tags darauf hatte Doktor H. einen seiner ärgsten Tage. Der Kellner aus dem Offizierskasino, dem ich in der Früh begegnete, erzählte mir, der Doktor wäre gegen Morgen ins Kasino gekommen und trinke dort immer noch. Wie wird er ordinieren können?

Die Visite hätte schon längst beginnen sollen, aber der Doktor kam nicht, und ich traute mich nicht, ihn zu holen. Endlich bemerkte ich am Fenster, wie er mit langen, wankenden Schritten herankam. Im Verlauf der Ordination war er grob und ordinär wie nie zuvor, die Kranken nahten sich ihm voller Angst. Mehr als zwei Drittel von ihnen warf er hinaus, und dabei schrie er sich heiser. Dann bekam er einen Hustenanfall, setzte sich schwer in den Sessel, fegte Bücher und Listen mit einer Hand vom Tisch und schaute stumpf ins Leere. Die Zigarette fiel ihm aus der Hand. Er nahm eine andere, zündete sie an und zog den Rauch tief ein. Und wiederum bekam er einen furchtbaren Hustenanfall. Er tat mir unendlich leid.

»Herr Doktor, Sie sollten nicht so viel rauchen, das schadet Ihnen.«

Er sprang auf, schaute mich wütend an und schrie los: »Was erlauben Sie sich, frecher Kerl? Stehen Sie Hab Acht! Wer gibt Ihnen das Recht, so mit mir zu reden? Marsch raus, und dass ich Sie im Leben nicht mehr seh'!«

»Verzeihen Sie, Herr Doktor, ich wollte Sie nicht beleidigen.«

»Halten Sie das Maul und raus! Raus!«

Leise ging ich fort.

* * *

Im Korridor stieß ich mit einem älteren, hageren, an den Schläfen ergrauten Soldaten zusammen. Er sah älter aus, als er war; blieb als Kranker hier, während sein Bataillon an die albanische Front abgegangen war.

Bei der Untersuchung beschimpfte ihn Doktor H., er sei ein Simulant, und wollte ihn hinauswerfen. Ich flüsterte dem Arzt zu: »Er hat Fieber«, und schüttelte das Thermometer schnell hinunter, damit er meinen Betrug nicht entdeckte.

»Also nehmen Sie ihn auf das Marodenzimmer, und alle drei Stunden, Tag und Nacht, bekommt er Pulver!«

Der Alte war Kleinbauer, irgendwoher von der böhmisch-mährischen Höhe; er hatte eine Frau und vier kleine Kinder zu Hause, deren Bilder er stundenlang betrachten konnte. Mich schaute er nicht einmal an und auf meine freundschaftlichen Fragen brummte er nur böse vor sich hin.

Heute früh war er als geheilt entlassen worden. Ich händigte ihm die Dokumente aus, wünschte ihm Glück und Gesundheit. Ich reichte ihm die Hand, doch er drehte mir den Rücken zu.

Das war etwas zu viel für mich. »Alterchen«, sagte ich, »warum sind Sie so böse zu mir? Was habe ich Ihnen denn getan? Sie wissen selbst am besten, wie ich mich um Sie gekümmert, Sie gepflegt habe, damit Sie wieder gesund werden!«

»Drauf pfeif' ich dir was! Da will der Mensch ein bisschen krank werden, damit er sich ausruhen kann und nicht wieder an die Front muss und er da stopft den Menschen mit Pulver voll und packt ihn in kalte Leintücher! Ich, ein alter Mann, hab Frau und Kinder, und du junger Kerl drückst dich hier herum, derweil der andere, der so eine Drückebergerei mehr verdienen tät, für dich an die Front muss. Und da willst du noch, dass ich dir Dank'schön sag?«

Der Alte, unter seinen Rucksack gebeugt, spuckte aus und hinkte fort. Tief erschüttert schaute ich ihm nach. So also stand es! Ich half, Menschen zu heilen, die alle lieber krank sein wollten, um nicht mehr in diese Hölle zurückkehren zu müssen. Wie neidisch sie mich ansahen und mich einen Drückeberger nannten. Doch hatten sie im Grunde genommen nicht recht? Jetzt fühlte ich klar meine Schuld, dass ich, jung, gesund und ledig, einem anderen den Platz wegnahm, der ein größeres Anrecht auf einen weniger gefährlichen und schweren Dienst gehabt hätte …

* * *

Ich wurde in die Kanzlei des Kommandanten gerufen. Das bedeutete Albanien. Und doch erfüllte mich eine seltsame Ruhe, und alle Last fiel mir vom Herzen. Gott hatte mich bisher immer recht geführt, er würde mich auch jetzt nicht verlassen. Bestimmt musste auch dieser Augenblick kommen, und so war es gut. Ich fühlte nur noch Sehnsucht nach jenen, die ich nun verlassen musste, nach diesen meinen armen Schluckern, die ich pflegte, denen ich Trost und Mut zusprach. Nur anders würde ich's jetzt tun. Ein wenig schlauer, damit es mir gelänge, so manchen näher an die Heimat heranzuschmuggeln.

Ein älterer diensthabender Unteroffizier empfing mich. »Ich habe eine Überraschung für Sie. Sie bekommen einen neuen Chef. Er ist ihr Landsmann, Doktor D. Sie kennen ihn doch. Er kam neulich mit diesem tschechischen Bataillon her, das nach Albanien weitergeht. Er bleibt hier. Melden Sie sich morgen bei ihm. Adieu.«

Ich blieb wie angewurzelt stehen. Ich weiß nicht, war es Trauer oder Freude, was ich fühlte? »Also was noch?«, fragte der Unteroffizier, »das überrascht Sie, was? Sie werden sich doch nicht etwa nach Doktor H. sehnen? Er kam heute Mittag hergelaufen, rannte gegen den Alten, gerade als er zum Essen ging, und begann hier vor ihm so furchtbar zu husten, dass er nicht einmal ein ärztliches Zeugnis für einen Genesungsurlaub brauchte. Gleichzeitig reichte er ein Gesuch um Versetzung in eine andere Garnison ein. Angeblich bekommt es ihm hier nicht. Es sieht tatsächlich miserabel aus. Ich glaube, es wird wirklich gut sein, wenn er nicht mehr hierher zurückgekehrt. Das hat unser Alter auch eingesehen und seinem Gesuch sofort stattgegeben. Also Adieu!« Beinahe wankend ging ich zur Tür hinaus, konnte lange an nichts denken. Ich begab mich hinter die Stadt zum mohammedanischen Friedhof, setzte mich in den Schatten der Zypressen und dort saß ich lange still.

Am folgenden Morgen betrat Doktor D. fröhlich die Ordination und nahm meine halb deutsche und halb tschechische Meldung entgegen. Der Doktor sah sich nach der Menge um und rief erstaunt: »So viele habt ihr immer da? Na servus, das wird eine Arbeit! Also los!«

Zu Mittag fuhr der Autobus, mit dem auch Doktor H. abreisen sollte, nach Trebinje. Ich bat meinen neuen Vorgesetzten, mich von meinem ehemaligen Chef verabschieden zu dürfen.

Als ich den Standplatz der Autobusse erreichte, ließ der Fahrer gerade den Motor an und forderte die Reisenden auf, einzusteigen. Ich wusste eigentlich nicht, ob ich mich nach dem gestrigen Auftritt unterstehen durfte, dem Doktor unter die Augen zu treten. Aber der Doktor lächelte, als er mich bemerkte.

»Sie sind also doch gekommen?« Er drehte sich zu seiner Frau um, die schon im Wagen saß: »Da ist noch der Pitter gekommen, um sich zu verabschieden. Eigentlich solltest du ihm danken!«

Die Frau des Arztes verneigte sich ein wenig und gab mir die Hand. »Vielleicht sehen wir Sie noch einmal?« »Vielleicht irgendwo anders«, sagte der Arzt, »aber hier – lieber nicht.« Er sprang in den Wagen, kehrte jedoch wieder zurück, beugte sich zu mir hinunter und flüsterte mir zu: »Und grüßen Sie mir noch Jolana!«

Das Auto fuhr an. Ich stand noch eine Weile, schaute mit verschleierten Augen in die Richtung, in der der Wagen davongefahren war.

* * *

Am meisten schwächte die Malaria die Reste der Armee. Auch ich entging dem Stich der Papatatschi-Mücke[8] nicht. Schüttelfrost und hohes Fieber wechselten einander ab. Doch da näherte sich der Krieg schon dem Ende. Die Front löste sich auf; die österreichisch-ungarischen Soldaten verließen ihre Formationen, strömten in Häfen und Städte, von wo sie auf irgendeine Weise nach Hause zu kommen hofften. Montenegrinische Partisanen besetzten die Festung Bileća. Wir rissen die verhassten Doppeladler herunter, entfernten die Karlíky-Abzeichen aus Messing mit den Initialen des letzten Kaisers Karl von den Mützen, wir umarmten unsere »Feinde« und wir, die Tschechen, sangen mit ihnen *Hej Slované*[9] und die montenegrinische Hymne.

Jeder sah zu, sobald als möglich nach Hause zu kommen. In vollgestopften Autobussen und Zügen brachten sie uns nach Gra-

8 Diese Mückenart überträgt das sogenannte Sandfieber, das im Gegensatz zur Malaria meist ohne Komplikationen ausheilt.

9 Wurde später die jugoslawische Nationalhymne.

vosa[10] an der dalmatinischen Küste, wo uns schon ein großes Schiff erwartete. Es war mit Soldaten aller Regimenter der zerfallenen Südostfront überfüllt. Es gelang mir noch, auf das Schiff zu kommen.

Auf dem Deck saßen Soldaten in kleinen Gruppen. Sie wärmten Konserven und kochten Kaffee auf offenem Feuer, während neben ihnen Malariakranke und Verwundete stöhnten. Ich habe sogar Tote gesehen; keiner Menschenseele fiel es ein, sie irgendwohin fortzuschaffen; und so ging man über sie hinweg, soweit man auf den vollgepferchten Decks überhaupt gehen konnte. Die Aborte sahen derart aus, dass eine Benutzung unmöglich war.

Ich suchte mir ein Plätzchen im stickigen Unterdeck aus, wo kleine Kisten mit Handgranaten lagerten und wohin sich selten jemand traute. Auf so einer Kiste mit aufgemaltem Totenkopf und gekreuzten Knochen schlief ich mich gut aus. Den Weg entlang der verminten Küste zeigte uns ein französischer Torpedobootzerstörer. Zum Glück dauerte die Fahrt nicht lange. In der Nacht ankerten wir vor Spalato[11], am nächsten Tag liefen wir in Fiume[12] ein.

Beim Landungssteg stand eine Gruppe Soldaten. Einer schwenkte die tschechische Fahne, ein anderer hielt eine Standarte mit der Aufschrift »Česká legie – Tschechische Legion«. Ich trat mit einigen Tschechen an die Gruppe heran. Da erfuhren wir zum ersten Mal von der Gründung der Tschechoslowakischen Republik.

Ein junger Oberleutnant fragte uns, ob wir uns ihnen anschließen wollten. »Nach Hause gelangt ihr sowieso nicht, höchstens zu Fuß. Ich organisiere einen Wachdienst. Unsere jugoslawischen Brüder allein reichen dafür nicht aus. Es gibt hier riesige Lagerhäuser, jetzt noch voller Lebensmittel, Ausrüstungen, Munition; die ganze Südostfront wurde von hier aus versorgt. Horden von Marodeuren, Soldaten und Gefangenen aller Nationen versuchen, die

---

10 Nordwestlicher Stadtteil des heutigen Dubrovnik.

11 Split.

12 Rijeka.

Lagerhäuser zu plündern. Wir haben die Eingänge durch Wachen mit Maschinengewehren besetzt, aber wir sind zu wenige. Helft uns. Die Jugoslawen haben uns versprochen, dass sie uns dafür eine Zuggarnitur geben, die uns nach Hause schafft.«

Er führte uns in die Unterkünfte. Dort bekamen wir reichlich zu essen und neue Ausrüstungen. Der Anlegeplatz und die umliegenden Straßen waren mit Körpern verwundeter und kranker Soldaten übersät. Es gab niemanden, der sie behandelt, in Lazarette und Krankenhäuser getragen hätte. Welche anderen viel größeren Gefahren drohten da der ganzen Stadt, wenn sich ansteckende Krankheiten ausbreiteten! Ich machte den Offizier aufmerksam darauf und erbot mich, den Sanitätsdienst zu organisieren. Er war froh darüber, gab mir für diese Aufgabe eine Beglaubigung und einen Ausweis, der mich zum Betreten der Stadt berechtigte.

Es war ein schwerer Dienst, Tag und Nacht. Auf Bahren trugen wir die Kranken in überfüllte Lazarette und legten sie dort einfach auf den Boden, da es nicht genügend freie Betten gab. Von der Front kamen Ärzte an; sie halfen in den Krankenhäusern und kamen mir in erdenklichster Weise entgegen. Nur mit einem Arzt im höheren Dienstrang stieß ich zusammen. Er hatte bemerkt, dass auf meiner Mütze die kaiserlichen Initialen fehlten, schimpfte mich einen Verräter und warf mich hinaus, samt dem Kranken, den ich auf dem Rücken herbeischleppte.

Die Zahl der Freiwilligen der improvisierten »Tschechischen Legion« wurde größer. Ich glaube, sie wuchs auf dreihundert an. Unsere Wachen kontrollierten Tag und Nacht das ganze Hafengebiet; bei den Toren und Eingängen der Lagerhäuser knatterten alle Augenblicke Maschinengewehrsalven, um mögliche Eindringlinge abzuschrecken.

Einmal kehrte ich gegen Abend todmüde von einem Erkun dungsgang zurück und ging in unsere Unterkunft, um mich auszuruhen. Es fiel mir auf, dass die Ubikationen[13] leer waren, nur

13 Alter österreichischer Begriff für Militärunterkunft, Kaserne.

auf einem Bett sah ich einen Kameraden liegen. Ich fragte ihn, wo denn alle wären.

»Ach was, die haben irgendeine Versammlung in der Halle. Sie wollen den Kommandanten absetzen und die Abreise nach Böhmen erwirken.«

»Und warum bist du nicht auch dort?«

»Ich pfeife ihnen was drauf! Ich glaub nicht, dass uns die Ungarn oder die Österreicher so ohne weiteres durchreisen lassen. Du weißt, wie sie uns hassen, weil wir ihnen den Krieg vermasselt haben. Ich wart' ab, bis unsere Reise sichergestellt ist. Was denn, haben wir's hier nicht gut? Wer weiß, ob es uns zu Hause so gehen wird.«

Ich lief in die Halle. Einige redeten gleichzeitig, die übrigen schrien dazwischen. Die Stimmung war auf dem Siedepunkt angelangt. Es schien, dass sich alle darin einig waren, aus ihren Reihen eine Delegation zu wählen, die notfalls auch durch Drohungen den Abtransport nach Prag erzwingen sollte.

Plötzlich packte es mich: Ich sprang auf ein beim Ausgang stehendes Fass und ersuchte die Kameraden um Ruhe. Sie verstummten tatsächlich. Und ich erinnerte sie mit eindringlichen Worten an unsere Pflicht gegenüber dem jugoslawischen Brudervolk.

»Und wer hat unsere Tschechische Legion organisiert«, rief ich empört, »sind wir Tschechen nicht im Stande, dankbar und einig zu sein?«

Die lieben Aufständischen begannen sich hinauszustehlen, erst einzeln, dann in ganzen Gruppen. Bevor ich zu Ende gesprochen hatte, war die Halle fast leer. Gerade dieser Appell an unsere brüderliche Pflicht, den Jugoslawen zu helfen, war es, der wirkte. Wir lebten damals in einer heute kaum mehr verständlichen allslawischen Begeisterung.

Ich weiß nicht, ob der Kommandant unserer improvisierten Tschechischen Legion, Leutnant Bartl, von diesem Vorfall irgendwann Kenntnis erhielt. Inzwischen war es der Stadtverwaltung gelungen, den Polizei- und Militärdienst zu organisieren, der nach und nach unsere Aufgaben übernahm. Kurz darauf teilte uns der

Kommandant mit, wir sollten unser Äußeres in Ordnung bringen und in Reih und Glied antreten. Die Häuser waren mit jugoslawischen und tschechischen Fahnen geschmückt, die Straßenbeleuchtung brannte, eine Menschenmenge säumte die Straßen und rief »Heil der Tschechoslowakischen Republik!« Mit jugoslawischer Regimentsmusik gelangten wir zum Regierungsgebäude auf dem Stadtplatz, wo uns die Repräsentanten der Stadt und Truppenkommandeure erwarteten. Wir waren Zeugen der Vereidigung von Truppen der neugeschaffenen jugoslawischen Armee; es gab Ansprachen und Dankesworte, an unserer Fahne wurden als Auszeichnung die jugoslawischen Farben befestigt. Unter dem Jubel der Bevölkerung und Hochrufen »Živili brati česi«[14] geleitete uns die Musik wieder in unsere Quartiere. Am meisten freute uns die Zusicherung, dass wir in einigen Tagen unter militärischem Schutz bis an die Grenze des Vaterlandes abtransportiert werden würden.

Ich glaube, es ereignete sich kurz darauf, dass ein italienischer Kreuzer in die Bucht von Rijeka einlief; die Geschütze auf die Stadt gerichtet. »Entweder Kapitulation, oder wir zerschießen die Stadt«, lautete das Ultimatum. Die kaum im Entstehen begriffenen jugoslawischen Formationen konnten den geordneten und gut ausgerüsteten italienischen Truppen nicht die Stirn bieten, sie besaßen weder Waffen noch Munition. Die Stadt ergab sich in der Hoffnung, die Konferenz der Siegermächte werde zu Gunsten Jugoslawiens entscheiden. Doch die Entwicklung verlief anders.

Die Italiener behandelten uns korrekt, aber sie misstrauten uns. Daher sorgten sie selbst für unseren schnellen Abtransport in die Heimat.

So endete das rühmliche Kapitel – oder Abenteuer? – unserer Tschechischen Legion in Rijeka.

14 Es leben die tschechischen Brüder!

1918–1938
Zwischen den Kriegen

Wieder in der Heimat

Auf dem Prager Bahnhof nahm uns die Militärpolizei vor allem die vollgestopften Rucksäcke, die Wolldecken und Sachen weg, mit denen uns die dankbaren Einwohner von Rijeka für die Reise ausgestattet hatten. Der Befehl lautete: »Sofort in die Kasernen«!

Ich weiß nicht, wie viele von uns gehorchten. Ich nicht. Das erste war, die verhasste Uniform abzulegen und wieder Zivilkleidung anzuziehen, die ich mir in diesen vier Jahren abgewöhnt hatte.

Bei der feierlichen Ankunft Masaryks in Prag stand ich dem Eingang des Hauptbahnhofs genau gegenüber; ich sah unseren ersten Präsidenten, umgeben von Legionären. Es war mir irgendwie eigenartig zu Mute, beinahe traurig, weil ich mich der allgemeinen Begeisterung nicht anschließen konnte. Warum? Waren es vielleicht diese unsere russischen Legionäre[15] in braunen Mänteln, mit aufgepflanzten Bajonetten, die in mir furchtbare Assoziationen weckten?

15 Tschechoslowakische Soldaten, die in einer in Russland aufgestellten Legion gegen die Mittelmächte kämpften.

Ich wollte mich nicht der Strafverfolgung wegen Desertion aussetzen, und so meldete ich mich – zwar nicht in der zuständigen Kaserne, sondern beim Verteidigungsminister Václav Klofáč selbst. Ich kannte ihn von Kindheit auf. Mein Vater war Direktor der Druckerei der Nationalen Sozialistischen Arbeiterschaft in der Schulgasse gewesen, und Klofáč war hier Redakteur der »Česká Demokracie«. Im Raum vor dem Zimmer meines Vaters saß er zusammen mit Jiří Pichl an einem Tisch. Ich besuchte meinen Vater häufig und blieb immer auf ein paar Scherzworte bei den beiden Herren stehen.

Bald nach Ausbruch des Krieges war ich zum Wehrdienst einberufen worden. Nach kurzer Ausbildung teilte man mich dem Wachdienst im Prager Garnisonsgefängnis auf dem Hradschin zu. Vor jedem Dienstantritt – und ebenso nach Dienstschluss – wurden wir vom Profos gründlich durchsucht, ob wir nichts Verdächtiges bei uns hätten. Mir oblag es, in die Zellen der Gefangenen hineinzuschauen und zu kontrollieren, ob alles in Ordnung wäre. Zu meinem Erstaunen bemerkte ich in einer Zelle ein mir bekanntes Gesicht – Václav Klofáč, Vorsitzender der damals größten tschechischen Partei, der Nationalen Sozialistischen Partei.

In einem günstigen Augenblick meldete ich mich bei ihm. Er bat mich, verschiedene Botschaften auszurichten, später gab er mir auch Briefe. Es war ein gefährliches Spiel. Einmal ging es mir beinahe an den Kragen. Unter dem Hemd hatte ich einen Brief; in dem Augenblick, da der Profos dahin greifen wollte, zog ich den Bauch ein, der Brief fiel in die Hose.

Klofáč war zusammen mit anderen tschechischen Politikern gegen Kriegsende amnestiert worden. Jetzt war er Mitglied der Regierung.

Ich ging zu ihm in die Wohnung und bat ihn um einen Posten in seinem Ministerium. «Aber nichts Militärisches«, sagte ich. (Gibt es so etwas in einem Kriegsministerium?)

»Kommen Sie morgen zu mir ins Amt«, antwortete er.

Klofáč stellte mich als Sozialreferenten in der Abteilung länger dienender Unteroffiziere an. Ich erteilte die Bewilligung für Heiraten, registrierte den Familienzuwachs, erledigte ihre persönlichen Angelegenheiten. Eine höchst langweilige, doch harmlose Arbeit.

Ich entsinne mich, wie ich zum ersten Mal das Gesuch irgendeines Unteroffiziers um Heiratserlaubnis erledigte. Nach Überprüfung der notwendigen Dokumente schrieb ich dem Antragsteller eine Bewilligung, die ich mit herzlichen Glückwünschen des Ministeriums abschloss. Beim zweiten Gesuch verfuhr ich analog, beim dritten, vierten. Ich konnte doch nicht allen mit denselben Worten Glück wünschen? Ich dachte mir immer neue und schwungvollere Wendungen aus. Was, wenn sich die Herren kannten und einander die Zuschriften zeigten?

Stolz auf meine dichterische Begabung legte ich die Urkunden dem Vorstand zur Unterschrift vor. Er las und begann plötzlich laut zu lachen. Er nahm dic zwcite, dritte, vierte Urkunde – und brüllte derart vor Lachen, dass die Beamten aus den Nachbarkanzleien zusammenliefen, den Chef – der nur noch ächzte und vor Lachen weinte – bestürzt ansahen. Dann nahmen sie die Schriftstücke in die Hand, sie lasen – und nach einer Weile ging es in der Kanzlei des Sektionschefs zu wie in einem Kabarett. Die Urkunden musste ich allerdings noch einmal schreiben.

Nach zwölf Monaten wurde mein Jahrgang abgemustert und noch am gleichen Tag trat ich beim Vorstand mit der Bitte ein, mich aus dem Dienst im Ministerium zu entlassen. Er sah mich an, öffnete die Schublade und entnahm ihr ein Schriftstück.

»Und ich habe da für Sie das Ernennungsdekret mit höherem Gehalt und fester Anstellung vorbereitet!«

Ich dankte, bestand jedoch auf Entlassung.

»Ich dringe nicht in Sie. Von Anfang an wusste ich: Kanzleifuchs zu sein, das ist nichts für Sie.« Mit Glückwünschen entließ er mich.

* * *

Da steckte ich schon in einer Arbeit, die mich ganz gefangen nahm. Gleich nach meiner Heimkehr vom Wehrdienst hatte ich beobachtet, wie sich Kinder in den Straßen der Vorstädte herumtrieben, wie sie rauften, Fenster einwarfen. Ich war Zeuge, wie Buben aus dem Arbeiterviertel Žižkov auf fahrende Waggons sprangen, Kohle hastig in Säcke füllten, herunterwarfen und dann selbst hinuntersprangen.

Ich unterhielt mich deswegen mit einem bekannten Lehrer. Er beklagte sich über den schlechten Schulbesuch und darüber, wie disziplinlos und grob die Kinder wären. Ihre Väter befanden sich größtenteils noch beim Militär, in Gefangenschaft oder bei den Legionen; die Mütter allein mussten die Familie ernähren. Es gab niemanden, der die Kinder beaufsichtigt, sie erzogen hätte.

»Es graut mir davor, wenn diese Generation groß sein wird«, sagte er. »Aber wissen Sie was, helfen Sie uns in der neu geschaffenen Organisation Jugendfürsorge«, fügte er hinzu.

Ich wurde Mitglied des Vertrauenskollegiums der Jugendfürsorge in Prag-Žižkov. Frühmorgens ging ich zu den Familien, führte die Kinder in die Schule – aus der sie in der Pause wieder davonliefen. Ich erkundete die Lebensverhältnisse, besorgte Kleidung, Schuhe, bezahlte Beiträge aus, ich beriet und tadelte. Aber was nützte das! Es war, als hätten wir alles in ein bodenloses Fass geworfen. Ich erkannte: Wirkliche Hilfe hängt davon ab, dass der Mensch sich selber helfen möchte und helfen kann.

Der Besitzer des Restaurants *Na Výšince* stellte mir einen geräumigen Gartenpavillon zur Verfügung. Er benötigte ihn lediglich am Sonntagnachmittag und -abend. Ich hängte Plakate aus, die zum Besuch eines Puppentheaters am Mittwochnachmittag einluden. Mit einem Freund – er war Puppenspieler – transportierten wir das kleine Theater auf einem zweirädrigen Wagen in den Saal und bereiteten alles vor. Einige andere Freunde boten sich als Saalordner an.

Schon eine Stunde vor Beginn drängten sich die Kinder vor dem Eingang, von den kleinsten bis zu den großen Bengeln. Dass es nicht ohne Schreien und Balgereien abging, ist sonnenklar. Vor drei Uhr öffneten wir die Eingangstür. Eine Invasion von Indianern war vermutlich eine geordnete Ankunft gegenüber dem, was wir erlebten. Die hübsch ausgerichteten Stuhlreihen verwandelten sich in

Gräben und Barrikaden, auf denen Krieg geführt wurde; ich muss bemerken, die Mädchen zeigten sich keinesfalls weniger kampflustig. Machtlos versuchten wir, Ruhe und Ordnung zu schaffen. Mein Freund, der Puppenspieler, schaute verzweifelt durch einen Spalt im Vorhang auf dieses Durcheinander. »Wie können wir spielen?«

»Sobald ich das Zeichen gebe, sofort den Vorhang hoch und den Kasperl auf die Szene«, gebot ich.

Ich packte einen vorbeilaufenden Jungen: »Kannst du *Auf der Prager Brücke* singen?«

»Werd' ich schon können!«

»Und du auch?«, fragte ich ein Mädchen.

»Ich auch!«

»Also dann singen wir!«. Und sofort intonierte ich das bekannteste tschechische Volkslied. Der Junge und das Mädchen sangen mit mir, ein dritter, vierter kam hinzu, und nach einer Weile sangen – nein brüllten – im Saal an die dreihundert Kinderstimmen: »Auf der Prager Brücke …«

Das Lied verklang, und sofort gab ich das Zeichen. Kasperl hieß willkommen, fragte, erzählte. Und die Kinder lachten laut, setzten sich unwillkürlich, wo sie gerade standen, und unter gespannter Aufmerksamkeit der Kleinen, ja sogar der größten Gassenjungen entwickelte sich die Handlung. Zum Schluss versprach ihnen Kasperl eine weitere Vorstellung am Samstag, doch er stellte Bedingungen.

Während der Vorstellung hatte ich mir die Kinder näher betrachtet, beim Auseinandergehen suchte ich mir einige aus. Ich blieb mit ihnen allein, beriet mich mit ihnen, verteilte Aufgaben. Dann spielten wir irgendetwas, stimmten ein Lied an und gingen nach Hause.

Das nächste gesellige Zusammensein verlief schon weniger stürmisch; wir sangen viele bekannte Volkslieder. Nach der Theatervorstellung fügte ich der ersten Gruppe einige andere Kinder hinzu. Besonders die Mädchen trugen dazu bei, eine gute Atmosphäre zu schaffen.

Später war das Kasperltheater als Köder nicht mehr notwendig. Wir bildeten Gruppen. Ernstes und lustiges Erzählen wechselte mit Gesang ab, wir lernten neue Lieder und neue Spiele. Bei schönem Wetter spielten wir im weiten Garten, am liebsten aber in der Natur. Mit der Straßenbahn oder dem Dampfer fuhren wir in die nahen Wälder hinaus.

Am schönsten aber war das gesellige Zusammensein an den Sonntagvormittagen. Die Kinder fühlten, es waren irgendwie feierliche Stunden, in denen man zu Beginn nur ernste Lieder sang, deren Inhalt ich vorher erklärte. Es folgte irgendein Gleichnis aus den Evangelien in einer einfachen, Kindern verständlichen Fassung und mit kurzer Erklärung. Zum Schluss eine Geschichte oder Begebenheit. Spiele und Reigen, an denen sich auch die Buben gerne beteiligten, schlossen das Zusammensein ab.

Unvergesslich für viele – Kleine und Große – wurden unsere Frühlings- und Weihnachtsfeiern. An ihrem reichhaltigen Programm hatten die Kinder den Hauptanteil. Ein befreundeter Musiker stellte sogar eine Knabenkapelle auf, mit Papiertrompeten, Trommeln und Tschinellen.

»Freude herrscht in unseren Herzen …«, klang es durch den Saal und geleitete uns ins Leben.

Sechs Jahre währte dieses Wirken; dann jedoch gab der Besitzer des Restaurants auf, und wir waren gezwungen, uns woanders ein Heim zu finden. Wir versuchten es in einem Klassenzimmer und im Turnsaal. Erstaunlich, wie das Milieu verändernd wirkt. Die gleichen Kinder, die sich bei unseren geselligen Zusammenkünften diszipliniert verhielten, waren wie ausgewechselt, als sie die Schwelle der Schule überschritten. «Lieber nichts, als das da«, sagte ich mir und richtete mein ganzes Bestreben auf den Erwerb eines Grundstücks und Bau eines eigenen Kinderheims.

Ich bemühte mich, Behörden und Organisationen für Jugendfürsorge zu überzeugen, wie wichtig es sei, Schuljugendhorte aufzustellen. Doch es dauerte Jahre, bis man diesen Gedanken zu realisieren anfing. Und dann waren es vielfach nur Orte, an denen man die Kinder tagsüber unterbrachte, und keine erzieherischen Institutionen.

* * *

Ich machte mir Gedanken darüber, was eigentlich meine Berufung sei. Nach all den Zufällen, die mir im Kriege das Leben gerettet hatten, gelangte ich zu der Erkenntnis: Mein Leben gehört nicht mehr mir. Und so hielt ich Ausschau, wem ich es widmen könne.

Zunächst wollte ich das verstehen, was Gott in der Bibel verkündet. Ich schrieb mich daher nach meinem Abgang vom Ministerium an der Theologischen Hus-Fakultät ein. Es ging mir nicht darum, Theologe zu werden, umso weniger ein Angestellter der Kirche. Ich sehnte mich danach, das Wort Gottes zu verstehen.

Die Exegese Professor Žilkas war tiefsinnig; ein Meilenstein für mich wurden jedoch die Interpretationen der Geschichte der Böhmischen Reformation von Professor Hrejsa. Für die Seminararbeit gab er mir das Thema *Das Wirken von Jan Milíč*. Es waren erhabene Stunden, die ich im Lesesaal der Universitätsbibliothek verbrachte – völlig versunken in die Zeit Karls IV., einer Epoche kultureller Hochblüte und tiefen moralischen Verfalls. Milíč, Vorgänger von Hus, verstand es, religiöse Inbrunst mit praktischer sozialer Hilfe zu verbinden; bereits einhundertfünfzig Jahre vor Luther und Calvin verkündete er die Lehre Jesu in der Sprache des Volkes. Milíč bezwang mich durch seine liebevolle Geisteshaltung, er machte aus mir seinen neuzeitlichen Schüler und Nachfolger.

Im Seminar von Professor Hromádka[16] nahmen wir die Theologie des geistigen Vaters der Böhmischen Brüder, Peter von Cheltschitz, durch. Was für eine einzigartige Entdeckung für mich! Da war ein scharfsinniger Denker, der schon im 15. Jahrhundert schrieb: *Vor allem widerstrebt es der Lehre Christi, mit dem Schwert zu dienen; denn es vergilt Böses mit Bösem.* Zu dieser Erkenntnis

16 J. L. Hromádka (1889–1969), tschechischer Theologe.

hatte ich mich durch die erschütternden Kriegserlebnisse durchringen müssen. In meiner jugendlichen Unbefangenheit beging ich meinem Professor gegenüber eine Taktlosigkeit. Ich behauptete im Sinne Peter von Cheltschitz', Christentum und Staatsdienst wären unvereinbar. Darauf Professor Hromádka: »Da dürfte ich als Universitätsprofessor kein Staatsbeamter sein und vom Staat kein Gehalt beziehen.« »Selbstverständlich«, erwiderte ich. Der Professor stand auf und ging hinaus. Ich entschuldige mich nicht bei ihm, weil ich mich im Recht glaubte. Heute, nach der Erfahrung mit Johannes XXIII., weiß ich, dass sogar der Papst ein Christ sein kann. So entschuldige ich mich nachträglich bei Ihnen, Herr Professor.

Ich wartete nicht, bis ich das Lizentiat erhielt, und begann zu predigen; in Räumen wie auch unter freiem Himmel, in Prag und auf dem Lande. Ich musste einfach meine Erfahrungen mit Gott weitergeben, mit anderen zusammen eine Lösung der schicksalhaften Probleme suchen, die das Volk bedrückten.

Daraus ergab sich gewissermaßen von selbst die Notwendigkeit, Flugblätter, Broschüren, und schließlich – seit dem Jahre 1924 – die Monatsschrift *Sbratření* (Verbrüderung) herauszugeben. Ihre nominale Herausgeberin war meine mütterliche Freundin, die Schriftstellerin Pavla Moudrá. Sie hat die geistige Erneuerung in unserem Lande wesentlich gefördert.

Diese Arbeit und das soziale Wirken nahmen mich dermaßen in Anspruch, dass ich mich dem Studium auf der Fakultät nicht so widmen konnte, wie es notwendig gewesen wäre. Als dann Žilkas Vorlesungen im Druck erschienen, fragte ich mich, warum ich den Großteil des Tages im Hörsaal verbringen sollte, wenn ich zu Hause zu einer Zeit studieren konnte, die mir besser passte.

Die wertvollsten Erkenntnisse indessen bietet das Leben selbst. Man muss sich nur in Denkweise, Fühlen und Geisteshaltung des anderen hineinleben, darf keine Vorurteile besitzen und sich keine machen; man muss beobachten können und unendlich geduldig sein. Ich weiß, das sagt sich so schön und macht den Eindruck, als besäße ich alle diese Eigenschaften. Doch ich weiß auch, wie schwer es beispielsweise ist, sich beherrschen zu können. Aber da müsste ich ein ganz anderes Buch schreiben.

Blick in die Welt

ES WAR DIE AKADEMISCHE YMCA[17], Zweig der internationalen Bewegung christlicher Studentenschaft, die in meiner Heimat den Weg des Fortschritts unter gebildeten Menschen bahnte. An seiner Spitze standen Professor Emmanuel Rádl, Schüler T. G. Masaryks, der auch seine Gedanken weiterentwickelt hat; ferner Professor J. H. Hromádka und der ungewöhnlich initiative Jaroslav Šimsa.

Sekretär der deutschen Zweigstelle der Studenten-YMCA war Heinrich Tutsch aus Mährisch-Schönberg (Šumperk). Es ging ihm darum, eine Friedensbewegung ins Leben zu rufen, die sich in erster Linie um eine Verständigung und Zusammenarbeit zwischen den Tschechen und den tschechoslowakischen Deutschen bemühen sollte. Ein Gedanke, der auch mich gefangen nahm. Im Jahre 1922 errichtete Tutsch eine Zweigstelle des *Internationalen Versöhnungsbundes*, und schon im Sommer darauf konnte ich mich mit ihm und einigen Freunden an der internationalen Konferenz der *International Fellowship of Reconciliation* (IFOR) im dänischen Nyborg beteiligen. Es war für mich ein überraschendes Erlebnis, dass es von diesen *Conscientious Objectors* – sie verweigern den Militärdienst aus Gewissensgründen – Tausende gab, und das in vielen Ländern. Ich fühlte mich schon nicht mehr als vereinzelter Sonderling.

Auf dieser Konferenz lernte ich eine Anzahl bedeutender Persönlichkeiten kennen, mit denen mich später eine langjährige Zusammenarbeit verband. Namentlich anführen muss ich den Schweizer Reformer Leonhard Ragaz, Urheber der Bewegung religiöser Sozialisten – und den deutschen F. Siegmund-Schultze, Mit-

17 *Young Men's Christian Association*, deutsch: Christlicher Verein Junger Menschen (CVJM).

begründer der IFOR. Beide gaben ihre Karriere an der Universität auf, um ihr radikales Christentum verkünden zu können.

Doktor Siegmund-Schultze habe ich später in seiner Arbeitsstätte im Berliner Elendsviertel aufgesucht. Dort hatte er, der ehemalige Hofkaplan Kaiser Wilhelms II., eine soziale Beratungs- und Zentralstelle errichtet, dort lebte er mit seinen Schützlingen. Ich muss auch zwei katholische Theologen erwähnen. Der eine, Professor Hermann Hoffmann aus Breslau, weihte sein Leben der deutsch-polnischen Annäherung; der zweite, Dr. Max Josef Metzger, wurde später von den Nationalsozialisten wegen seines gegen Krieg gerichteten Wirkens hingerichtet.

In lebendiger Erinnerung bleibt mir Mathilda Wrede[18], der finnische Engel der Gefangenen. Auf Spaziergängen entlang des rauschenden Meeres musste ich ihr von meinen Kriegserlebnissen erzählen, und dafür berichtete sie wiederum Erlebnisse mit Mördern und Räubern, deren Herzen sie gewann. In mein Gedächtnis hat sich eine Begebenheit eingeprägt, die mir bewies, was für eine Macht das Vertrauen in einen Menschen ist. Eigentlich nicht das Vertrauen in den Menschen, sondern in das Göttliche, das im Menschen wohnt.

»Eines Tages kamen vier Männer zu mir; wegen verschiedener schwerer Verbrechen hatten sie Gefängnisstrafen verbüßt. Eine allgemeine Amnestie gab ihnen die Freiheit zurück, doch konnten sie nirgends Arbeit finden. Die Männer waren der Verzweiflung nahe, die sie leicht in ein neues Verbrechen treiben konnte. Sie kannten mich von meinen Gefängnisbesuchen her und baten mich um Hilfe. Da läutete das Telefon; ich hatte keine Zeit mehr für eine längere Unterhaltung. Und so gab ich den Männern mein Sparbuch und sagte. »Nehmen Sie von diesem Geld, was sie notwendig

18 Mathilda Augusta Wrede (1864–1928) war eine schwedisch-finnische Aristokratin, die sich um Straftäter in Haft und nach ihrer Entlassung kümmerte. Pitter hatte sie persönlich kennengelernt.

brauchen. Das übrige geben Sie mir zurück, denn es gibt noch viele Menschen, die Beistand brauchen«.

Ein Tag ging vorüber, der zweite – die guten Männer kamen nicht. Auch der dritte Tag verging, der vierte, ich nahm schon Abschied von meinem Eigentum. Am fünften Tag jedoch erschienen alle Vier und gaben mir dankend das Sparbuch zurück. »Verzeihen Sie, Frau«, sagte einer, »dass wir das Buch nicht gleich gebracht haben. Wir hätten niemals geglaubt, uns könnte jemand derart vertrauen. Jeder von uns wollte das Buch bei sich tragen. Und so kamen wir überein: Jeder wird es einen Tag lang aufbewahren. Jetzt sind wir alle an der Reihe gewesen und bringen Ihnen das Buch zurück.« Es zeigte sich, dass der von ihnen entnommene Betrag gering war.«

Das allerdings ist kein Rezept dafür, wie man's machen soll, sondern ein Beweis für die bezwingende Wirkung der Persönlichkeit von Mathilda Wrede.

* * *

Die IFOR schickte mich auf Friedensmissionsreisen in verschiedene europäische Staaten. Die erste galt den baltischen Ländern, die zweite Jugoslawien und Bulgarien. Die Estin Edit Rahamägi und der bulgarische Pädagoge Dimitrij Katzarov entfachten die Feuer der Friedensbewegung in ihren Völkern. In Bulgarien regten die Gedanken L. N. Tolstois breite Bevölkerungsschichten in hohem Maße an und versprachen, dem Volk einen neuen geistigen Inhalt zu geben. Leider erstickte später die brutale Hand der Machthaber in jenen Ländern den Aufschwung, dessen Zeuge ich war. Ich hatte Gelegenheit, auch die Bevölkerung anderer Landstriche kennen zu lernen, mit ihrer Erneuerungsbewegung vertraut zu werden und wertvolle Freundschaften zu schließen.

Echte Freundschaften sind des Lebens größte Geschenke; ich erhielt sie in reichem Maße. Bande, die uns an Menschen fesseln, die so hohen Zielen ergeben dienen, diese Bande löst nicht Zeit, nicht Raum, ja nicht einmal der Tod.

* * *

Zu jener Zeit wuchs in Böhmen und Mähren die Zahl jener, die den Militärdienst ablehnten und zu schweren Strafen verurteilt wurden. Ich selbst habe Präsident Masaryk als Oberstem Befehlshaber meinen Wehrpass mit einer schriftlichen Begründung zurückgeschickt. Eine Antwort erhielt ich nie.

Nový Lid und einige andere Zeitschriften der Erneuerung veröffentlichten meine Aufforderung, es sollten sich bei mir jene melden, die aus Glaubens- oder Gewissensgründen gegen den Wehrdienst sind. Ich erhielt über dreihundert Meldungen durchwegs junger Männer. Bald aber erschienen bei mir zwei Polizeibeamte, die bei der Hausdurchsuchung die Meldungen fanden. Ich wurde nach dem *Gesetz zum Schutz der Republik* angeklagt.

Unter dem Beweismaterial befand sich auch der Brief eines gewissen Cibulka, in dem er mich um Rat ersuchte. *Menschen töten zu lernen, widerspricht der Lehre Christi und meinem Gewissen,* schrieb er. *Ich wurde aufgefordert, den Militärdienst anzutreten. Meine Mutter ist Witwe und auf mich angewiesen. Sie weiß: wenn ich den Dienst ablehne, werde ich vielleicht für Jahre ins Gefängnis wandern. Was soll ich tun?*

Geh und diene!, schrieb ich ihm. Der Verteidiger freute sich. Der Vorsitzende des Senats fragte: »Wie erklären Sie sich diesen Widerspruch? Einerseits ermuntern Sie die Wehrdienstverweigerer; andererseits raten Sie ihnen, dem Befehl zu gehorchen.«

»Die Sache liegt klar. Von den anderen hat mich niemand gefragt, was er tun solle; sie haben sich von selbst entschieden. Cibulka ist unentschlossen. Er hätte kaum dem Druck standgehalten, den man auf ihn ausgeübt hätte.« Jetzt freute sich der Staatsanwalt. Das Urteil lautete auf fünf Monate Einzelhaft. Zwei davon saß ich ab, der Rest wurde infolge einer Amnestie gestrichen.

* * *

Im Sommer des Jahres 1926 hielt die IFOR im bayerischen Oberammergau eine Friedensschulung ab. Ich berichtete von meinen erzieherischen Bemühungen an der Jugend von Žižkov. Die Schweizerin Olga Fierz übersetzte meine Ansprachen ins Englische und Französische. Sie selbst sehnte sich nach einer Tätigkeit bei vernachlässigten Kindern. Ich lud sie nach Prag ein, sie möge sich unsere Arbeit anschauen. Olga Fierz kam, und schon blieb sie da. Sie war – und ist noch heute – meine nächste Mitarbeiterin. Im Jahre 1927 begleitete sie mich dann zu Romain Rolland, der während des Krieges durch seine Schrift *Au-dessus de la mêlée* dem allgemeinen Morden Einhalt zu gebieten versuchte. Er musste Frankreich verlassen und half beim Roten Kreuz in Genf.

Romain Rolland erfuhr von meiner Verurteilung und sandte Präsident Masaryk ein fürsprechendes Schreiben. Wir tauschten einige Briefe über das Wesen des Pazifismus aus, und schließlich lud mich Romain Rolland zu einem Besuch in die Berner Alpen ein, wo er gerade zur Erholung weilte.

Die Sonne des Spätsommers wärmte noch kräftig. Doch Romain Rolland trug einen engen Überzieher, und den Rock hatte er bis zum hohen Kragen zugeknöpft.

»Sie kommen aus England, haben da an der Sitzung des *Rates der Internationale der Kriegsdienstgegner* teilgenommen«, begann er das Gespräch. »Welche Motive überwiegen in der Bewegung? Die religiösen oder die politischen? Ich erkundige mich deshalb, weil die Frage des religiösen Glaubens in der pazifistischen Bewegung besonders wichtig ist.«

Ich antwortete, meiner Beurteilung nach wären beide Komponenten gleich stark vertreten.

Darauf Romain Rolland: »Die Gegner aus Gewissensgründen – *Objecteurs de conscience* – dürfen sich nicht täuschen; sie werden die Ergebnisse ihrer Mühen und Opfer nicht sehen. Wer ein religiöses Fundament besitzt, kann solch ein Opfer ohne Lohn eher bringen.«

»Wir wollen keine Pazifisten produzieren. Wir finden sie nur auf und bringen sie einander näher, um ihre versprengten Kräfte zu vereinigen.«

Romain Rolland: »Eine wichtige und notwendige Arbeit. Dank dieser Handlungsweise wird es den Militärdienstgegnern leichter gemacht, in dem Sinne, dass sie sich nicht mehr so vereinsamt fühlen. Wie behandelt man sie in Ihrem Lande?«

»Durch ihr nobles Benehmen und ihre moralische Beharrlichkeit erringen sie die Achtung der Vorgesetzten. Ich bin immer wieder überrascht, wie rücksichtsvoll sie die Richter behandeln, auch wenn sie dem Gesetz nach Strafen aussprechen müssen.«

»Wie sieht der religiöse Standpunkt dieser Menschen aus?«

»Wir glauben, dass der Mensch ein Werkzeug in den Händen Gottes ist, mit dem er sein Reich auf dieser Welt errichten will. Manche würden sich dagegen auflehnen, wenn ich sie als religiös bezeichnen wollte. Und doch verraten sie durch ihr ganzes Fühlen und Betragen die tiefe Religiosität, die sie in sich verbergen. Demgegenüber gibt es Menschen, die sich mit Vorliebe als religiös bezeichnen; doch Taten dieser bekundeten Religiosität sind bei ihnen nicht festzustellen. Wir lassen uns nicht durch eine Bezeichnung täuschen.«

Romain Rolland: »Ich habe gelesen, Sie hätten mit Tolstois Sekretär Valentin Bulgakow die internationale Bewegung für christlichen Kommunismus gegründet. Ist diese Bewegung politisch?«

»Nein es geht uns um die Erneuerung der frühchristlichen Gemeinschaft. Wir vereinigen Gruppen in verschiedenen Ländern, die bereits Gemeinden nach dem Beispiel der ersten Christen und der Böhmischen Brüder verwirklicht haben.«

Romain Rolland fragte mich, was ich von Masaryk hielte.

»Ich schätze ihn sehr wegen seines Wirkens als Volksaufklärer. Dessen ungeachtet verstehe ich einige Widersprüche zwischen seinen Forderungen vor dem Kriege und seinem heutigen Standpunkt nicht.«

Romain Rolland: »Ideale zu verwirklichen, ist immer sehr schwer. Wir können sie noch so ernst nehmen und werden doch immer wieder dazu gebracht, anders zu handeln. Auch Gandhi muss bisweilen dies und jenes zulassen, was seinen Prinzipien widerspricht. Wir können nicht ständig von anderen das Höchste verlangen. Es scheint, dass die Wahrheit Stufen hat. Würden wir sie vollständig kennen, dann würden wir nicht danach streben, weiterzukommen, und das wäre das Ende unserer Arbeit.«

Ich kehrte zum Thema *Gandhi* zurück. »Man sagt, Gandhis Methode der Nichtzusammenarbeit – *Non-Cooperation* – führe zu Schlaffheit.«

Romain Rolland: »Wenn sie zu Schlaffheit führen sollte, dann wäre es besser, diese Methode nicht anzuwenden. Gandhis *Nichtbeteiligung* ist passiver Widerstand; das aber bedeutet nichts Passives, sondern eine mächtige, ausdauernde, eine positive Kraft.«

Das waren die Hauptgedanken, die mich in die Heimat begleitet haben.

* * *

Nach dem Meister der Feder traf ich ein Jahr später mit dem Meister der Tat zusammen: mit Pierre Cérésole. Ich glaube, man wird ihn einmal neben Pestalozzi und Henri Dunant zu den großen Schweizern rechnen.

Ein eigenartiger Mensch, dieser Sohn eines schweizerischen Bundesrates, Bundesrichters und Divisionskommandanten. Aus Solidarität mit den *Objecteurs de conscience* lehnte er es ab, Militärsteuern zu zahlen, und musste dafür verschiedentlich ins Gefängnis. Zusammen mit Leonhard Ragaz bemühte sich Cérésole um die Einführung eines zivilen Hilfsdienstes für Militärdienstverweigerer aus Gewissensgründen, wie er bereits in Holland und in den skandinavischen Staaten existierte.

Die Kriegsereignisse hatten auch ihn bis in den Kern seines Wesens erschüttert.

Im Jahre 1919 war Cérésole im holländischen Bilthoven einer der Gründer der IFOR. Er stellte eine Gruppe Gleichgesinnter – namentlich Deutscher – zusammen; mit ihnen ging er nach Nordfrankreich, um die Kriegsschäden zu beseitigen. Diese Tätigkeit war der Keim der internationalen Organisation freiwilliger Arbeitslager, des *Service Civil International.* Sie veranstaltete jedes Jahr Dutzende, ja Hunderte von Arbeitslagern in verschiedenen Ländern.

Das größte Lager wurde 1928 in Liechtenstein abgehalten; das Hochwasser des Rheins hatte beinahe die ganze fruchtbare Ebene dieses kleinen Landes verwüstet. Der Hilfsdienst dauerte sechs Monate. An ihm beteiligten sich insgesamt über siebenhundert Freiwillige einschließlich der Schwestern, die Küche und Wäsche besorgten. Aus zwanzig Staaten kamen die Freiwilligen. Vierzig, in der Mehrheit Studenten, brachten Heinrich Tutsch und ich aus der Tschechoslowakei. Unsere Gruppe war größer als die französische und deutsche.

Ich arbeitete mit Pierre Cérésole. Er räumte mit einer Leichtigkeit Felsbrocken weg, als hätte er sein Leben lang nichts anderes getan. Es war wirklich nicht leicht, ihm bei der Arbeit unter praller Sonne zur Seite zu stehen. Als er uns dann beim Abschied anerkennend auf die Schulter klopfte, war uns das viel mehr wert als der höchste Orden.

Lohn für die mühevolle Arbeit waren Kameradschaftsabende, bei denen die einzelnen Volksgruppen Proben ihres musikalischen und tänzerischen Könnens darboten oder in Diskussionen verschiedene Fragen geklärt wurden. Pierre selbst gewährte uns Einblick in seine edle Seele und weitete unseren Horizont. Er stand jedem Dogmatismus fern. Beweis dafür war die Tatsache, dass der Lagerverwalter sein älterer Bruder war, Oberst der Schweizer Armee und mit jedem Zoll ein Soldat[19].

Männer wie Pierre Cérésole hätte die deutsche Jugend gebraucht. Neben ihnen hätte der Führer des destruktiven Nationalsozialismus nicht bestanden. Nach dem Ersten Weltkrieg kam es in Deutschland zur umfassenden Bewegung *Der Wandervogel*; sie führte die Jugend aus dem verdorbenen Stadtleben in die Natur hinaus, sie lehrte Kameradschaft; die Ideale der Reinheit und sozialen Gerechtigkeit waren ihr Ziel. Die *Hitlerjugend* war damals ein Häufchen. Wie konnte sie die Oberhand gewinnen? Warum konnte sich die Bewegung der *Wandervögel* mit ihren vielen Schattierungen nicht behaupten? Ihre Romantik besaß keine Tiefe, und dann fehlte ihr jene praktische Bewährung durch Hilfsdienste; eben das, worauf die Bewegung Cérésoles fundierte. Jugend war und ist auch heute auf Pioniertaten erpicht. Wenn sie keine Vorbilder in tatkräftigem Dienen besitzt, zieht sie umso leichter hinter wilden Parolen her und entlädt ihre Energie in Draufgängertum und Demolieren: damals wie heute.

* * *

Der Fürsprecher des Rechts auf Militärdienstverweigerung aus Gewissensgründen war bei uns Professor Emmanuel Rádl. Er erklärte: «In der Verfassung unseres Staates fehlt das Bewusstsein, dass über der Souveränität von Gesetz und Staat eine höhere Souveränität steht, der wir verschiedene Namen geben: Menschenrechte, Gewissensfreiheit, Gott.« Rádl gründete die *Tschechoslowakische Liga für Menschenrechte*; meine Arbeit an seiner Seite trug mir viele wertvolle Erfahrungen ein.

19 Pitter meint hier, dass Cérésole selbst zwar mit ganzem Herzen und allen Konsequenzen Kriegsdienstverweigerer war, aber die Überzeugung anderer Menschen – hier seines Bruders – akzeptierte, beim Militär zu dienen.

Professor Rádl vereinigte in bewundernswürdiger Weise kämpferischen Einsatz für eine erkannte Wahrheit mit demokratischer Toleranz. Ich entsinne mich, wie er nach einer Weltreise – vermutlich in der *Křestanská revue*[20] – über den ungünstigen Eindruck schrieb, den Gandhi auf ihn gemacht hatte. Rádl konnte weder seiner Lebensweise noch seiner Lehre von der *Non-cooperation* Geschmack abgewinnen. Ich sagte Rádl, er habe Gandhi nicht verstanden, und versuchte, ihm Gandhi zu erklären und näherzubringen.

»Schreiben Sie das nieder«, unterbrach er mich. Er druckte meinen Artikel ab, vollständig und ohne Kommentar. Beim nächsten Zusammentreffen bedankte ich mich und drückte die Verwunderung aus, dass er gegen meine entgegengesetzte Ansicht nicht seine Einwände aufgeführt habe.

»Sie haben ein Recht auf eine eigene Meinung, recht aber habe ich!«, sagte er entschieden. »Das Urteil wird sich der Leser bilden.«

Professor Rádl zog uns, die junge Generation, dadurch an, dass er uns entgegentrat. Nichts war ihm mehr zuwider als Epigonentum, blindes Bekennen und romantischer Pathos. Damals umwarben uns eine Menge Funktionäre und leitende Persönlichkeiten, sie lockten uns mit allen Mitteln zu sich und in ihre Parteien. Wie segensreich wirkte auf uns Professor Rádl durch seine rücksichtslose Analyse und sein kritisches Denken! Niemals legte er uns etwas Fertiges vor, sondern regte uns zu selbstständigen Urteilen an, zur eigenen Wahl. Solche Führer liebt und will die Jugend.

* * *

Eine Frau darf ich nicht unerwähnt lassen, die in meinem Leben viel bedeutet hat. Sie hat mir nicht nur durch Tolstois *Volkserzählungen* den Weg zu Christus gewiesen; durch ihre geistigen Erfahrungen ließ sie mich auch hinter die Kulissen des Sichtbaren bli-

20 Christliche Zeitschrift.

cken. Während der langen Krankheit ihres Mannes hatte sie ihn aufopfernd gepflegt. Nach seinem Tode verschenkte sie ihr Eigentum und lebte bescheiden in der Žižkover Vorstadt. Ihre ärmliche Unterkunft wurde nach dem Kriege Treffpunkt mancher Freunde und Vorkämpfer einer geistigen Erneuerung. In der Geschichte der tschechischen Nation wird die Frau kaum genannt werden. Doch im Himmel ist der Name *unserer Mutter Anna Pohlová* aufgeschrieben.

Das Militsch-Haus und Mýto[21]

MEIN GRÖSSTES INTERESSE, MEINE GANZE Liebe galt den Kindern. Ich litt darunter, dass wir für sie nicht mehr vergnügte Stunden, keine Ausflüge in die Natur veranstalten konnten. Ich leitete Sammlungen in die Wege, um ein eigenes Jugendheim bauen zu können, in dem Werkstätten, Clubräume, Spielzimmer sein sollten; dazu ein Spielplatz und ein Garten, in dem unsere Stadtkinder durch Arbeiten auf eigenen Beeten die Natur lieben gelernt hätten.

Es war im Frühjahr 1933, zur Zeit der größten Wirtschaftskrise. Ich erfuhr, dass der bekannte Prager Bauunternehmer Dr. Karel Skorkovský für einige Familien von Arbeitslosen ohne Wohnung kleine Häuser gebaut und sie ihnen geschenkt hatte. Ich ging sofort zu Dr. Skorkovský und schilderte ihm den armseligen Zustand der Kinder jener Eltern, die tagsüber auswärts beschäftigt waren. Schmutzige Vorstadtgassen, das war ihr Zuhause, dort verbrachten sie ihre ganze freie Zeit. Ich erzählte von unseren Veranstaltungen für die Kinder; ich berichtete ihm, wie alle unsere erzieherischen Bemühungen an ungeeigneten Räumlichkeiten scheiterten.

Der mich bei Dr. Skorkovský einführende Angestellte hatte mir eindringlich ans Herz gelegt: »Aber nur eine Minute! Der Herr Doktor ist maßlos beschäftigt!« Indessen, es vergingen nur so die Minuten; ich erzählte, erklärte, und mein Gegenüber hörte aufmerksam zu. Und dann besah er sich die vorbereiteten Pläne.

»Wenn ich mir das so anschau', handelt es sich um einen Bau für mindestens eine halbe Million.« (Damals hatte die tschechoslowakische Krone noch einen Wert!) »Haben Sie etwas Kapital?«

»Das ist es ja gerade, warum ich zu Ihnen komme. Ich habe gehört, Sie hätten Verständnis für menschliche Not und für die Not der Kinder besonders. Von Schenkungen und Beiträgen haben

21 Kleine Stadt in Böhmen, etwa achtundzwanzig Kilometer westlich von Pilsen gelegen. Dort baute Pitter ein Kindererholungsheim.

wir ein Grundstück unter dem Hügel des Heiligen Kreuzes beim Olschaner Teich in Žižkov gekauft. Auch für den Bau haben wir etwas Geld, aber nicht viel. Ich glaube jedoch, weitere Freunde werden uns helfen, sobald sie nur unsere Arbeit sehen.«

»Sie wollen also, dass ich es Ihnen auf Borg bauen soll.«

Und dann folgte eine lange Pause. Schon der Umstand, dass Dr. Skorkovský nicht sofort ablehnte, war mir eine Erleichterung. Er schaute wie abwesend mit gespitzten Lippen auf den Plan; und ich, ich betete heimlich. »Kommen Sie übermorgen«, sagte er kurz. »Vorläufig kann ich nichts versprechen. Die Pläne lassen Sie mir hier.«

Es waren zwei lange Tage. Noch länger jedoch schien mir der Augenblick zu sein, da wir einander wieder in den Klubsesseln seines Arbeitszimmers gegenübersaßen. Ich begann nicht zu reden, und Dr. Skorkovský schwieg: als würden wir eine stille Andacht nach Art der Quäker[22] halten.

Endlich sagte er: »Zu welchen Teilzahlungen verpflichten Sie sich?«

»Ich kann mich zu keinerlei Teilzahlungen verpflichten, da ich nicht weiß, wie uns Geschenke und Spenden zugehen werden. Schon der Betrieb wird ja genug Geld kosten. Aber wir würden gewissenhaft zurückzahlen.«

Dr. Skorkovský betrachtete mich unter seinen dichten Augenbrauen hervor. Er spitzte wieder die Lippen und schwieg.

»Gut«, meinte er schließlich. »Ich baue Ihnen das Haus, aber nur einen Teil. Erdgeschoss und Saal. Wenn Sie den ersten Bauabschnitt bezahlt haben, erstelle ich den zweiten.«

22 Eine im 17. Jahrhundert entstandene religiöse Gemeinschaft, die sich der Gewaltlosigkeit in Wort und Tat verpflichtet fühlt.

Mit der Weihnachtsfeier dieses Jahres nahmen wir die Tätigkeit im Militsch-Haus[23] auf. Das Werk selbst legte ein überwältigendes Zeugnis ab; eine Menge Freunde und Gönner – vor allem die Leser meiner Monatsschrift *Sbratření* – steuerten ausgiebig nicht nur für den Betrieb, sondern auch für die Teilzahlungen an den Bauunternehmer bei. Unser Arbeitsfeld weitete sich aus, die bisherigen Räumlichkeiten des Militsch-Hauses genügten nicht mehr. Wir benötigten weitere Arbeitsräume, ein stilles Studierzimmer, einen Musiksaal.

Die alte Schuld war noch lange nicht getilgt, als ich im Frühling 1936 wiederum im Büro Dr. Skorkovskýs saß und ihm schilderte, wie dringend notwendig der Aufbau sei. Diesmal stimmte er ohne lange Überlegung zu. In wenigen Monaten waren zwei Stockwerke mit jener Gewissenhaftigkeit fertiggestellt, die sämtliche Bauten Dr. Skorkovskýs ausgezeichnet hat.

Während der deutschen Okkupation waren wir und Dr. Skorkovský mehr als andere gefährdet. Wir deshalb, weil wir uns jüdischer Kinder annahmen und sie versteckten; Dr. Skorkovský wegen der Hilfe, die er politisch Verfolgten und deren Familien zukommen ließ. Nach dem kommunistischen Umsturz im Jahre 1948 traf Dr. Skorkovský ein harter Schlag: Sein Unternehmen wurde verstaatlicht; er selbst war der erste, der sein Werk verlassen musste.

Im Jahre 1951 haben die Kommunisten auch mich aus dem Militsch-Haus vertrieben. Ich besuchte Dr. Skorkovský vor meiner Flucht. Der ehemalige Millionär bewohnte jetzt einen einzigen Raum. Wiederum saßen wir still beieinander hinter dem Tisch, als wäre es eine Andacht der Quäker gewesen. Gedanken wanderten durch den Kopf, allein sie fanden kein Wort. Ich gedachte seiner verstorbenen Frau, die immer an Weihnachten ungeheure Mengen

23 Das Kinderhaus wurde nach Pitters Vorbild Jan Milíč, tschechisch: *Jan Milíč z Kroměříže*, benannt und ist noch heute eine staatliche Kindertagesstätte (*Milíčův dům*).

Gebäck für unsere Kinder selbst gebacken hatte. Er kochte für mich Tee, reichte ihn mir.

»Glauben Sie«, fragte ich, »wird es von Dauer sein?«

Er saß da, spitzte die Lippen und schwieg.

»Was sie tun, verstößt gegen die Gesetze Gottes und gegen die Natur des Menschen«, fügte ich hinzu. »Es kann nicht andauern.«

»Dauern«, sagte er nach einer Weile, »dauern wird es nicht. Aber – werden wir es noch erleben?«

Dr. Skorkovský erlebte es nicht. Er starb im Jahre 1959.

* * *

Doch ich bin der Zeit ein großes Stück vorausgeeilt, muss zum Jahr 1938 zurückkehren. Es war im Frühjahr, als eine Frau in Trauer zu mir kam. »Unsere Tochter Edith«, sagte sie, »ist plötzlich gestorben – mit 16 Jahren. Wir haben für sie eine Mitgift zurückgelegt. Ich bin sicher, Edith würde den Wunsch äußern, diese Mitgift gut anzulegen, für bedürftige Kinder. Hier gebe ich sie Ihnen; verwenden Sie die Mitgift, wie Sie's für gut halten.« Damit übergab mir die Frau ein Sparbuch mit einem ansehnlichen Betrag.

»In letzter Zeit«, erklärte ich ihr, »quält mich am meisten der Gedanke, was mit jenen Kindern geschehen soll, die gesundheitlich gefährdet, aber gegenwärtig nicht so krank sind, dass man sie in eine Heilanstalt oder in ein Erholungsheim aufnehmen würde. Wir müssen warten, bis sie wirklich krank werden, um sie irgendwo unterbringen zu können. Ediths Mitgift kommt wie gerufen. Wir werden für diese Kinder ein kleines Erholungsheim einrichten.«

In Holoubkov war ein Haus mit Garten zu verkaufen. Ich fuhr mit Olga Fierz hin. Das Objekt gefiel uns zwar, allein die Kinder wären gezwungen gewesen, eine stark frequentierte Straße entlang in die Schule zu gehen.

Auf dem Rückweg näherten wir uns dem Städtchen Mýto. »Wenn doch unser Erholungsheim dort drüben am Abhang unter dem Wald stehen könnte«, sagte ich, »das wäre ideal! Gehen wir ins Rathaus fragen, wem dort die Grundstücke gehören.«

Schon im Herbst des gleichen Jahres stand an dieser Stelle unser Kinderheim. Auf der Wiese befand sich ein großer runder Platz für das Lagerfeuer und im Halbkreis die gemauerten Podeste für die Sommerzelte. Aus dem Wald floss ein kleiner Bach; wir wollten ihn stauen und dadurch ein Badebassin bekommen.

Die ersten Gäste waren indessen nicht nur gesundheitlich gefährdete Kinder aus dem Militsch-Haus, sondern auch Flüchtlingskinder aus dem von Deutschen besetzten Grenzgebiet. Zur Inneneinrichtung des Hauses steuerten unsere englischen Freunde bei, namentlich die Quäker. Für unsere Arbeit begann ein neuer Zeitabschnitt.

Vor der braunen Flut

DIE MACHTERGREIFUNG HITLERS IM JAHRE 1933 war ein schwerer Schlag für jede aufrichtige Friedensbemühung. Um die Situation aus der Nähe kennenzulernen, besuchte ich diverse Freunde in Deutschland und – nach dem *Anschluss*[24] – auch in Österreich. Ich war ebenfalls auf Gespräche mit Zufallsbekannten aus; ich wollte unter die Oberfläche der Dinge schauen. Ich erkannte, dass der Hass, den bestimmte Kreise gegen Hitlerdeutschland säten, die Anhänger Hitlers nur in ihrem Irrtum bestärkte. Die deutsche Seele war krank; umso mehr brauchte sie deshalb ein Entgegenkommen der Welt, das Verständnis für ihre Schmerzen. Nur das Böse sollen wir von uns weisen; niemals jedoch jene, die ihm erlegen sind.

Erschüttert hat mich die Tatsache, dass sich viele gute deutsche Menschen, selbst Pazifisten, von der »besseren Ordnung« und den »sozialen Maßnahmen« Hitlers blenden ließen. Sie schlossen sich seiner Partei im trügerischen Glauben an, dadurch einen veredelnden Einfluss auf die Partei zu gewinnen. Als könnte man etwas Gutes auf Hass, Bosheit und Herrschsucht bauen!

Die gleiche Tragödie wiederholte sich fünfzehn Jahre später in meinem eigenen Volk, als die Kommunisten die Macht ergriffen. Wie viele edel denkende Tschechen und Slowaken schlossen sich ihnen an oder unterstützten sie freiwillig – im Glauben, es werde ihnen gelingen, die grausamen Methoden der Kommunisten abzuschwächen. Sie haben allmählich ihren Irrtum erkannt.

Ich erinnere mich an meinen Freund, einen Prediger. Nach dem kommunistischen Umsturz entdeckte ich ihn auf einem verantwortlichen Posten bei der Behörde. Ich wollte meinen Augen nicht trauen, als ich auf seinem Rockaufschlag das kommunistische Parteiabzeichen gewahrte. Wenige Jahre später ließ er mir in den Wes-

24 Gemeint ist der »Anschluss« Österreichs an das Deutsche Reich 1938.

ten die Nachricht zukommen: *Wenn ich damals rötlich angehaucht war, so bin ich heute weißer als Schnee.* Den letzten Verblendeten hat die sowjetische Besetzung der Tschechoslowakei die Augen geöffnet.

Ähnlich erging es vielen ehemaligen Mitgliedern der Hitler-Partei in Deutschland. Sie machten schwere innere Kämpfe und erschütternde Enttäuschungen durch. Es ist nur schade, dass die wenigsten von ihnen die Demut meines Freundes besitzen, um zu bekennen: »Wenn ich damals braun angehaucht war ...«

Die nationalsozialistische Seuche machte vor unseren Grenzen nicht halt. Sie verbreitete sich im Randgebiet, in dem überwiegend deutschsprachige Bürger wohnten. Sie verbreitete sich umso leichter, als die tschechoslowakische Verwaltung häufig durch unkluge Verordnungen Wasser auf die Mühlen der braunen Lügenpropaganda goss. Ein tschechischer Kaufmann, der in einer gemischtsprachigen Gegend lebte, hat zu mir gesagt: »Wenn die Unsrigen Dummheit studiert hätten, könnten sie's nicht dümmer machen.«

Diesen heißen Boden meines Vaterlandes bereiste ich im Frühjahr 1938, um auch hier die Denkweise der anderen Seite kennenzulernen. Ich kam durch ein Gebiet, in dem gegenseitiges Misstrauen und feindseliges Denken jedermann beherrschten. Ich sprach mit unseren Leuten und auch mit Leuten aus dem anderen Lager und hatte das Gefühl, auf beiden Seiten wären die Menschen überzeugt, die Wahrheit zu besitzen, im Recht zu sein. Ich konnte mich von ihrer Opferbereitschaft, Selbstlosigkeit, Begeisterung, von ihrem Idealismus überzeugen. Und doch, welch tiefer Abgrund klaffte zwischen ihnen. Ein Abgrund voller Unverständnis, Unwillen, Voreingenommenheit und Hass. Als ich nachher in stiller Abgeschiedenheit alle diese Eindrücke und Meinungen durchdachte, da fühlte ich mich wie ausgestoßen aus der Gemeinschaft der Menschen; es war mir unendlich schwer und bange ums Herz. Diese Leute rings um mich wurden beherrscht von Gedanken, die aus ihnen eine Art mystisches Kollektivum schufen, in dem der Einzelmensch verloren ging.

Der Mensch hört auf, eine Individualität[25] zu sein, wenn er in unrealistischen, übernommenen Vorstellungen denkt. Der Mensch sieht den Menschen nicht mehr und wäre im Stande, im Namen irgendeiner Parole zu morden.

Und trotzdem: Wenn Ihr diese Leute beiseite nehmt, wenn Ihr vernünftig mit ihnen redet, das Vertrauen dieser Leute gewinnt, dann erkennt Ihr in ihnen die guten Menschen, die durchwegs bescheidene Ansprüche ans Leben stellen. In Frieden wollen sie arbeiten und in guter Nachbarschaft mit anderen leben. Doch alle zusammen, als Ganzes, sind sie eine Herde, die man mit einem Wort zu Gewalttaten aufstacheln kann; zur Barbarei, in der sie ihr Menschentum vergessen. Als Einzelwesen stimmen sie mit Euch überein, das sei unvernünftig, unmenschlich; als Einzelwesen wären sie solcher Taten nicht fähig.

Es geht mir eine Szene nicht aus dem Sinn, die sich vor meinen Augen – ich glaube im Jahr 1919 – abgespielt hat. In Prag waren Hungerdemonstrationen. Durch die Straße zog eine Menschenmenge; sie trug einen Galgen voran, an dem eine Puppe mit der Aufschrift schaukelte: *Weg mit den Schiebern!* Die Menge verhielt sich ruhig und sang. Gerade kam sie an einem Metzgerei-Großbetrieb vorüber, deren Besitzer möglicherweise Jude war. In diesem Augenblick schrie jemand ein antisemitisches Schlagwort. Und mit einem Mal stürzte sich die Menge unter wüstem Gebrüll auf das Geschäft, riss das Schild herunter, zerschlug das Schaufenster, begann zu plündern. Die bisher ruhigen Menschen verwandelten sich schlagartig in jene rasende Herde, in der das Individuum aufhört, selbstständig, ein vernünftiges Geschöpf zu sein; in der es zum Bestandteil eines unverantwortlichen Kollektivs wird.

Aus zahlreichen Gesprächen mit Leuten im Grenzland gewann ich die Überzeugung: Hier wie dort gibt es Menschen, anständig und klug; Menschen, die sich weder Krieg noch Streitigkeiten wünschen, sich gegen Unmenschlichkeit ereifern, schwer an jeder

25 Ausgeprägte Persönlichkeit in ihren eigenen Denkweisen.

Grobheit tragen – und doch mit den anderen zusammengehen, der allgemeinen Stimmung unterliegen. Manche unter ihnen plappern bis zum Überdruss »Jesus – nicht Caesar!« – und tun, was »Caesar« befiehlt.

Ich ahnte, dass wir vor einer Katastrophe standen. Konnte sie noch etwas abwenden? Im Geiste des Nationalismus, der hier und dort die Vorherrschaft besaß, lag keine Möglichkeit. Die bot sich einzig nur im Geiste eines Umfassenderen, Höheren, in der Geistigkeit des wahrhaften Christentums. Dies aber bedeutet Opfer, das Kreuz.

Ich fragte mich, ob meine Nation fähig wäre, die Botschaft des Friedens und der Brüderlichkeit auch um den Preis eigener Opfer hinauszutragen. Das mutige Buch Emmanuel Rádls *Der Kampf zwischen Tschechen und Deutschen* – es erschien bereits im Jahre 1928 – war der Ruf eines Propheten in der Wüste. Je mehr sich das tschechische Volk gegen den Hitlerismus rüstete, umso mehr ahmte es ihn nach. Das Volk vergaß, dass sich keiner durch Gewalt zwingen lässt, der den festen Willen besitzt, anders zu leben, als ihm das Gesetz des Staates befiehlt. Es vergaß, dass es selbst einmal den Beweis dafür geliefert hatte: der österreichisch-ungarischen Macht, die es gefesselt hielt. Das tschechische Volk vergaß den Ausspruch seines ersten Präsidenten: »Mit Bajonetten kann man eine Zeit lang regieren, doch kann man auf ihnen nicht sitzen.«

Wahrheitsgemäß muss anerkannt werden, dass das tschechische Volk mit Edvard Beneš[26] an der Spitze die unerhörten Verleumdungen nicht mit gleicher Münze zurückgezahlt, sondern Ruhe und Würde bewahrt hat. Allein die von der tschechoslowakischen Regierung der deutschen Minderheit unter Druck angebotenen Zugeständnisse kamen zu spät und konnten die Situation nicht mehr retten. Hätte die Regierung nur einen Teil dessen einige

26 Tschechoslowakischer Politiker und Staatspräsident (1935–1938 und 1945–1948) sowie 1940–1945 Präsident der tschechischen Exilregierung in London während der deutschen Okkupation.

Jahre früher angeboten, hätte man unglückselige Ereignisse verhüten können.

Die Verstümmelung der Tschechoslowakei durch das Münchner Abkommen von 1938 erschütterte die Tschechen zutiefst, nicht einmal heute haben sie sich davon erholt. Doch nicht die Eroberungssucht Hitlers hat sie erschüttert, denn über ihn machten sie sich keinerlei Illusionen, sondern der Verrat der Westmächte, die seiner Propaganda und seinen Versprechungen erlagen. Für Chamberlain waren wir »ein fernes, unbekanntes Land«.

Ich fühlte, es war meine Pflicht, meine Verbindungen in England zu nutzen und dieses Land besser über meine Nation zu informieren. Meine britischen Freunde selbst ersuchten mich um Auskunft und luden mich zu Vorträgen ein.

Am 8. Oktober, dem dritten Tag nach der Abdankung des Präsidenten Beneš, stand ich auf dem Prager Flughafen. Nur durch die Fürsprache eines einflussreichen Freundes hatte ich – im letzten Augenblick, bevor die Grenzen geschlossen wurden – von unseren Behörden die Erlaubnis zum Abflug erhalten.

Das kleine, für den letzten Flug bereitgestellte Propellerflugzeug sollte eine Reisegruppe aufnehmen. Dem Aussehen nach Juden, die sich vor der nationalsozialistischen Gefahr in Sicherheit bringen wollten. An diesem Herbsttag herrschte ein Sturm, der Firmenschilder und Dachziegel herunterriss. Das Flughafenpersonal bezweifelte, ob ein Start überhaupt möglich sein werde. Die Fluggäste verloren den Mut und verschwanden einer nach dem anderen, bis von unserer Gruppe nur noch zwei übrigblieben. Mit beträchtlicher Verspätung hob das Flugzeug ab.

Diesen Flug werde ich nie vergessen. Die Maschine wurde von Böen hin und her geschleudert, sackte in Luftlöcher ab. Trotzdem landeten wir glücklich auf dem Londoner Flughafen.

Ich war Gast von Corder Catchpool, einem hochherzigen Quäker. Er hatte die Verpflegungsaktion für Kinder und Arbeitslose in den Industriegebieten unseres Grenzlandes geleitet, das vorwiegend von Sudetendeutschen bewohnt war. Als deutsche Truppen diese Gebiete besetzten und dadurch seiner aufopferungsvollen

Arbeit ein jähes Ende bereitet wurde, war er zu uns nach Prag gekommen, um das Bedauern vieler englischer Freunde auszudrücken; sie waren über ihre Regierung enttäuscht, die die Tschechoslowakei Hitler ausgeliefert hatte. Auf der Rückreise wurde Catchpool von tschechischen Polizisten wegen Spionageverdacht festgehalten. Bei der Durchsuchung entdeckten sie jedoch in seinem Koffer den *Orden vom Weißen Löwen*, der ihm von Präsident Beneš verliehen worden war. Die Polizisten entschuldigten sich und entließen Catchpool.

Ich wollte vor allem versuchen, in letzter Minute eine gerechtere Festsetzung der neuen Grenzen zu erreichen; in der Weise, dass tatsächlich nur Gebiete mit deutscher Majorität dem Reiche Hitlers zufallen sollten. Mein erster Weg führte mich deshalb zu dem hervorragenden Politiker George Lansbury, mit dem ich befreundet war. Bei seiner Vortragsreise nach Prag im Dezember 1937 hatte er auch das Militsch-Haus besucht und zu unseren Kindern gesprochen.

Jetzt machte ich mich auf den Weg zu ihm nach Bow, dem ärmsten Viertel im Osten von London. Als ich die Untergrundbahn verließ, war ein derart dichter Nebel, dass man nicht einmal einen Schritt weit sehen konnte. Irgendjemand nahm sich meiner an und führte mich bis zu Lansburys Haus. Wir ließen uns beim Kamin nieder; dann breitete ich die Nationalitätenkarte der böhmischen Länder aus, um jene Rechtswidrigkeit und Willkür zu beweisen, mit der völlig tschechische Gebiete annektiert wurden.

Lansbury warf nicht einmal einen Blick auf die Karte und sagte: »Jetzt hilft nichts mehr.«

Ich war tief enttäuscht. Um meine Erregung zu beherrschen, stand ich auf, ging zum Fenster. Der stattliche Greis trat neben mich, wir schauten beide in den Nebel hinaus.

»Nichts zu sehen, nicht wahr? Was kann diesen Nebel vertreiben?«, fragte er.

»Nur das Aufklären«, antwortete ich.

»Ja – nur Aufklären. Also denn: *Clear the atmosphere!*«[27]

Das war sein Rat, und an den hielt ich mich. Ich fuhr kreuz und quer durch England, um *die Atmosphäre zu klären.*

Freunde organisierten für mich Dutzende von Vorträgen in ganz England. Sie erbrachten sogar einen ansehnlichen Geldbetrag zur Unterstützung der Flüchtlinge und ihrer Kinder in Böhmen.

Auf dem Rückweg in die Heimat machte ich in der Schweiz halt. Erwog, ob ich denn überhaupt zurückkehren könne. Ich versuchte, meine skandinavischen Freunde zu bewegen, dass auch sie eine Vortragsreise für mich arrangieren sollten. Ich hoffte, die internationale Lage werde sich in der Zwischenzeit klären. Die Antwort aus Skandinavien war negativ. Sie fürchteten für ihre Neutralität.

Mein langjähriger Freund Henri Roser aus Paris war nach Böhmen und Mähren gefahren, um in vielen Versammlungen das Mitgefühl und die Erschütterung der französischen Pazifisten über den Verrat ihrer Regierung auszusprechen, die ihre Verbündeten dem Feind ausgeliefert hatte. Er brachte mir aus Prag die Nachricht, die Tätigkeit der *Liga für Menschenrechte* und der YMCA sei schon eingeschränkt worden. Die Regierung der Zweiten Republik dämpfte mit übertriebener Vorsicht alles, was das Missfallen Hitlers erregen und zu neuen Eroberungen aufreizen konnte.

Wird das etwas nützen? Ich zweifelte daran, dass sich Hitler mit diesen unnatürlichen, durch das Münchner Abkommen geschaffenen Grenzen zufrieden geben würde. Und die Westmächte, werden sie auch weiterhin vor ihm zurückweichen? Und wenn nicht – bedeutet das nicht Krieg?

Ich versuchte, Klarheit über die Situation Europas zu gewinnen – und Klarheit auch darüber, was ich selbst tun sollte. Ich besuchte Professor Leonhard Ragaz in Zürich, der gewöhnlich seinen tiefen Glauben mit politischem Weitblick zu verbinden verstand. Er war ein großer Freund des tschechischen Volkes, vor allem der böhmischen Reformation. Zweimal war er in der Tschechoslowakei

27 Klären Sie die Atmosphäre!

gewesen, er hatte das Militsch-Haus besucht und durch seine Vorträge Sommerkonferenzen der akademischen YMCA wesentlich angeregt.

Ich fragte ihn gerade heraus: »Was werden wir tun, wenn es zum Krieg kommt?«

Ragaz war über diese Frage empört. Er wollte nicht einmal die Möglichkeit eines Krieges zulassen.

«Und was, wenn es trotzdem dazu käme?«, drängte ich.

»Das wäre der Anfang der apokalyptischen Zeit, und an der habe ich kein Interesse. Das wäre das Ende all unserer Bemühungen.«

Der Krieg kam, und tatsächlich begann eine apokalyptische Zeit. Es war das Ende vieler Dinge, an denen wir bauten, in die wir unsere Hoffnungen legten. Doch niemals hat diese Zeit unseren Bemühungen ein Ende gesetzt.

Ein neues Suchen hatte begonnen, ein neues Schaffen.

1939–1945
Hitlers »Protektorat«

Unter dem Hakenkreuz

In einer Zeit, da mich unsere Kinder und Freunde am meisten brauchten, wollte ich nicht im Ausland bleiben. Ich entschied mich, zurückzukehren, solange es mir noch möglich war. Und tatsächlich: Schon wenige Wochen später, am 15. März 1939, überfiel Hitler den Rest der ehemaligen Tschechoslowakei und proklamierte stolz auf der Prager Burg das *Protektorat Böhmen und Mähren*. Das war das Ende unserer zwanzigjährigen Selbstständigkeit.

Ich wartete täglich darauf, verhaftet zu werden, wie viele andere öffentlich wirkende Menschen. Der deutsche Presseattaché in London hatte doch sicher Berichte über meine Vorträge gelesen und in Berlin darüber referiert. Auch meine Mitgliedschaft in der Liga gegen Antisemitismus war für mich bedrohlich. Zum Glück hatte ihr Vorsitzender, Dr. Bohumil Vančura, im letzten Moment die Mitgliederkartei und das Schriftmaterial vernichtet. Das erfuhr ich erst vor kurzem von seinem Bruder; ferner, wie ihm ein Beamter der Gestapo zur Flucht verhalf.

Es war so: Vančura wurde gleich am zweiten Tag nach dem Einfall der deutschen Truppen verhaftet und aus Wut darüber misshandelt, dass die Gestapo statt eines Mitgliederverzeichnisses bloß glühende Asche im Ofen vorfand. Vančura wurde dann entlassen, damit Agenten feststellen konnten, mit wem er verkehrte.

Eines Tages spielte er zu Hause Klavier, als ein Beamter der deutschen Geheimpolizei bei ihm eintrat. Dr. Vančura ließ sich beim Klavierspielen nicht stören. In der Ecke stand ein Cello; der Polizist griff nach dem Instrument und begann, mit Vančura zusammen zu spielen. Dann unterhielten sie sich über Musik. Es zeigte sich, dass beide in derselben deutschen Stadt und bei demselben Professor studiert hatten, nur zu unterschiedlichen Zeiten.

»Ich bin gekommen, um Sie zu holen. Sie stehen auf der Liste derer, die liquidiert werden. Sie müssen unverzüglich verschwinden.« Der Beamte besorgte Dr. Vančura einen Durchlass-Schein in eine norddeutsche Stadt.

»Dort gehen Sie über die Grenze. Leben Sie wohl!«

Es gelang Dr. Vančura, über die nordischen Länder nach England zu entkommen.

Die politischen Verhältnisse spitzten sich schnell zu; besonders als Hitler Polen überfiel und die Prager Studenten am 17. November demonstrierten. Die Folge: Schließung aller Hochschulen und Deportation von 1400 Studenten in Konzentrationslager. Wir mussten uns wie Schnecken ins Haus zurückziehen. Öffentliche Tätigkeit wurde streng kontrolliert und immer mehr eingeschränkt. Und doch: Was ließ sich alles im Verborgenen und in der Stille tun! Geheime Besuche betroffener Familien, moralische Stärkung der Deprimierten, Unterstützung notleidender Menschen.

Ständig drohte die Gefahr des Verrats. So oft in der Nacht ein Auto in der Nähe des Militsch-Hauses hielt, glaubte ich, sie kämen mich holen.

Im Militsch-Haus wimmelte es auch weiterhin von Kindern. Die geselligen Zusammenkünfte der Eltern erfreuten sich niemals einer derartigen Beteiligung. Selbst hinsichtlich der Mittel bestand keine Not. Unsere Tätigkeit beruhte von Anfang an auf freiwilligen Beiträgen und auf der Mitarbeit vieler Freunde der Jugend. Ihre Hilfe steigerte sich jetzt noch.

In Dankbarkeit gedenke ich jener freiwilligen Mitarbeiter, die regelmäßig ins Militsch-Haus kamen, um den Kindern zu erzählen, mit ihnen zu singen und zu spielen; die bei Schulaufgaben halfen, in der Werkstatt mit den Kindern gearbeitet oder sie geduscht haben.

Gesang, Musik und Rhythmik blühten auf. Wie begeistert sangen doch die Kinder jene für die erniedrigte Nation so hoffnungsvollen Lieder, etwa Nerudas *Erhebe schon das Haupt, mein Volk!* oder Krchs *Ihr glaubt nicht ...!*

Wer war Ferdinand Krch, unser *Onkel Fedor*? Ein ausgezeichneter Pädagoge und Redakteur der Jugendzeitschriften des Roten Kreuzes. Er hatte einen Schatz von Liedern gesammelt, von denen er viele mit unseren Kindern meisterhaft einstudierte. Zum *Vierten Lied ohne Worte* von Felix Mendelssohn-Bartholdy schrieb er diesen Text[28]:

Ihr glaubt nicht, wenn der Schnee die Erde verhüllt,
es käme wieder ein Mai.
Ihr zweifelt, ob sie, die Erde, noch lebt,
ob es erwacht, das schlummernde Land.

Ja, es erwacht, auch hier wird es Frühling,
und heiter die Armut unserer Hütten!
Not wird's nicht geben, die Klage nicht mehr,
Eintracht und Liebe wandeln die Welt zum Paradies.
Noch bedeckt kalter Schnee unser stummes Land,
doch mit der Liebe kehrt der Mai
allen Menschen zurück, der herrliche Mai.

Die Kinder sangen das Lied umso eifriger, da sie wussten, der Komponist war Jude gewesen und seine Kompositionen daher verboten.

28 Aus dem Tschechischen übersetzt.

Manchmal blieben die Schulen für längere Zeit wegen Kohlenmangel geschlossen. Dann ersetzte das Militsch-Haus Schule und Heim. Den Schulunterricht ergänzten wir vor allem dadurch, dass wir aus der tschechischen Geschichte erzählten. In den Schulen mussten sie die Lehrer in verzerrter Form darbieten.

Im Erholungsheim von Mýto ging es auch während des Krieges gut. In den Sommerferien wurden im Halbkreis Zelte aufgestellt. Am meisten freuten sich die Kinder auf die geselligen Stunden am Abend rund um das Lagerfeuer; dafür übten sie Lieder, kleine Tänze und Spiele ein. Den Abschluss bildete eine ernste Ansprache. Sogar Erwachsene aus der Stadt und Umgebung kamen her, um sich Kraft und Trost zu holen.

Wenn ich mich an diese intensive erzieherische Tätigkeit während der deutschen Besetzung erinnere, wächst in mir der Glaube, dass auch unter der roten Bedrohung eine stille Arbeit an den Seelen der Kinder möglich ist[29]. Die Schwierigkeiten sind größer, weil es die Kommunisten fertig brachten, sich alle Gebiete des Lebens zu unterwerfen. Doch die seelische Kraft eines wahrhaft aufrechten Menschen findet den Weg zur Herzkammer des Volkes.

* * *

Am härtesten traf der braune Terror Menschen jüdischer Abstammung. Sie mussten den gelben *Davidstern* tragen, Verkehr mit *Ariern* wurde streng geahndet. Die jüdischen Kinder hörten auf, ins Militsch-Haus zu kommen, um es nicht zu gefährden. Nach Einbruch der Dunkelheit besuchte ich sie zusammen mit Olga Fierz, ebenso andere jüdische Familien. Sie hatten keinen Anspruch auf Milch und Obst, so brachten wir Kindern, Greisen und Kranken diese wichtigen Lebensmittel. Für jedes der einhundertfünfzig im Militsch-Haus eingeschriebenen Kinder erhielten wir täglich einen Achtelliter Milch. Doch es kamen nicht regelmäßig alle Kin-

29 Pitter schrieb diese Zeilen, als die CSSR in kommunistischer Hand war.

der zum Vesperbrot; wir konnten somit jeden Tag ein paar Liter einsparen. In den jüdischen Familien und Kinderhorten herrschte große Freude nicht nur über die heimlich auf die Seite gebrachte Milch und das Obst, sondern auch über die improvisierten geselligen Zusammenkünfte.

Diese geheimen Besuche waren nicht ungefährlich; die Gestapo kontrollierte, ob die jüdischen Bürger am Abend zu Hause waren. Wir erlebten so manchen spannenden Augenblick. Eines Abends läuteten wir an der Türe unserer jüdischen Freunde. Die Wohnungsinhaberin öffnete uns und sagte mit gedämpfter Stimme: »Eben hat sie die Gestapo abgeführt.« Wären wir auch nur einen Augenblick früher eingetroffen, hätten sie uns bestimmt mitgenommen.

Wir besuchten auch immer wieder eine ältere Dame, Witwe eines Fabrikanten. Die beiden jungen Söhne saßen wegen ihrer Tätigkeit in der kommunistischen Untergrundorganisation im Gefängnis und wurden später in Oranienburg hingerichtet. Auch die Tochter war eine Kommunistin, eine fanatische. Die feinfühlige Mutter brauchte notwendig Trost. Es bedeutete für sie immer eine Stärkung, mit gleichgesinnten Menschen zu sprechen. Bei einem unserer späten Besuche war auch die Tochter zugegen. Hitler siegte noch an allen Fronten. Wir sprachen über die gegenwärtige Situation und über Zukunftsaussichten.

»Ich bin überzeugt, dass Hitler mit jedem neuen Sieg seinen Fall beschleunigt«, sagte ich. »Ich wüsste gern, was nachher sein wird.«

»Dann kommen wir Kommunisten an die Macht«, antwortete die Tochter.

»Und was werdet ihr mit uns Nichtkommunisten anstellen?« fragte ich.

»Menschen wie Sie werden wir brauchen und euch helfen, dass ihr euch durchsetzt. Allerdings nur, wenn ihr euch uns anschließt.«

»Und wenn ich mich nicht anschließe?«

»Dann stellen wir Sie an die Wand«, erklärte sie kalt.

Die Mutter wurde aschfahl über diese – sagen wir – Unhöflichkeit der Tochter. Ich versuchte die Angelegenheit ins Scherzhafte umzubiegen, allein die Tochter sagte: »Ich meine es ernst.«

Wie ernst sie es gemeint und im Voraus gewusst hat, das bewiesen die Fünfzigerjahre.

* * *

Im Herbst 1941 begannen in Prag die Deportationen der Juden. Unter den ersten fünftausend, die ins Ungewisse abtransportiert wurden, befand sich Margit Beck mit ihrem Mann. Opferfreudig hatte sie viele Jahre bei der Musikerziehung unserer Kinder geholfen. Ihnen folgten Dr. Walter Flusser mit Gattin, seit langem Förderer unserer Friedensbemühungen und erzieherischen Bestrebungen. Später dann Liesa Sattler, die geliebte junge Rhythmik-Lehrerin unserer Mädchen. Und viele andere. Keiner von ihnen ist zurückgekehrt. Wie viele tragische Abschiede mussten wir erleben!

Alle hinterließen den Eindruck würdevoller Ergebenheit in das unabwendbare Schicksal; ohne Hass, ohne Trotz, als stünde sogar in religiös schon entwurzelten Menschen die Glaubenskraft längst verschollener Ahnen auf.

Im Heim von Mýto umsorgte Tante Milada auch weiterhin viele Kinder jüdischer Flüchtlinge. Einige sahen auffällig jüdisch aus oder sprachen nicht einmal tschechisch. Die ganze Stadt wusste, dass sich das Erholungsheim unterhalb des Waldes in ein Versteck für jüdische Kinder verwandelt hatte, und dass sie die Schule wie arische Kinder besuchten. Zwei Jahre hindurch fand sich kein einziger Denunziant. Gendarmerie-Wachtmeister und Heger hielten ihre schützenden Hände über die jüdischen Kinder. Allein, die Mütter befürchteten, sie könnten ohne ihre Kinder zur Deportation befohlen werden; sie wollten sich nicht von ihnen trennen. Und so mussten wir diese Schützlinge, die uns wie eigene ans Herz gewachsen waren, schließlich doch für den Transport ausrüsten. Die Mütter ahnten nicht, dass sie ihre Kinder mit sich in den Tod nahmen.

Im Ganzen gesehen gab es im tschechischen Volk wenige, die mit den Nationalsozialisten kollaborierten. Sie gaben das Wochenblatt *Arijský boj* (*Der Arische Kampf*) heraus, in dem sich die Angriffe gegen mich als »Beschützer der Juden« wiederholten.

Eines Tages erschienen im Militsch-Haus zwei Herren und stellten sich als Beamte der Gestapo vor. Sie besahen sich das von fröhlichen Kinderstimmen erfüllte Heim. Der eine, offenbar der Chef, fragte mich dann über Entstehung, Zweck, Finanzierung und Erziehungsmethoden des Militsch-Hauses aus. Er wollte auch meinen eigenen Lebenslauf kennen lernen. Am Ende fragte der andere leise: »Soll ich eine Hausdurchsuchung machen?«

»Jetzt nicht«, antwortete der Vorgesetzte.

Sie gingen mit dem Befehl weg, ich solle mich am nächsten Tag im berühmten Petschek-Palais – dem Hauptquartier der Gestapo – einstellen. Tschechen kamen dort nicht mehr als freie Menschen heraus. Also würde ich wie mein guter Freund Jaroslav Šimsa und viele andere ins Konzentrationslager wandern. Ich zog doppelte Wäsche an, nahm die allernötigsten Toilettensachen mit. Ich hatte keine Ahnung, welches meiner »Verbrechen« aufgedeckt worden war.

Ich betrat ein Zimmer, ausstaffiert mit dicken Teppichen und Palmen. Am großen Schreibtisch saß der Mann, der mich gestern ausgefragt hatte. Er forderte mich auf, in einiger Entfernung Platz zu nehmen. Dicht neben mich setzte sich jener zweite Mann, jetzt in SS-Uniform. Der Beamte, allem Anschein nach in höherem Rang, blätterte in Schriftstücken. Dann ließ er sich, ohne auch nur aufzuschauen, noch einmal mein ganzes Leben erzählen. Wie es zum Bau des Militsch-Hauses kam, wozu es diene, was für Kinder es beherberge. Plötzlich unterbrach er mich:

»Aber Sie verstecken jüdische Kinder, besuchen jüdische Familien, bringen ihnen Milch und Lebensmittel, Sie helfen ihnen mit Ausrüstung für den Transport.«

Er sagte es ruhig und leise.

»Das ist wahr«, antwortete ich. »Aber vom menschlichen Standpunkt aus werden Sie es wohl verstehen.«

Eine lange Stille trat ein. Und dann kam es wiederum leise: »Sie können gehen.«

Der seitlich an mich gepresste SS-Mann schaute überrascht auf. Ich begriff nicht.

»Sie können gehen«, kam es von neuem.

Ich stand auf, nahm mein Köfferchen, ging mit einer Verbeugung hinaus. Als ich bereits im Korridor stand, fiel mir ein, ich sollte mich doch erkundigen, wie's eigentlich mit mir stünde!

Ich kehrte zurück und fragte: »Werde ich nicht wieder vorgeladen?«

»Ich glaube nicht«, lautete die ruhige Antwort.

Ich war unfähig, etwas anderes zu denken, als nur das eine, dass ich diese Toilettensachen umsonst mitgenommen hatte …

Zurück zum Militsch-Haus. Ich öffnete die Tür zu jenem Zimmer, in dem ich mich vor kurzem von meinen Freunden verabschiedet hatte. Immer noch saßen sie zusammen, versunken in stillem Gebet. Sie sahen mich an, als wäre ich eine Erscheinung.

Gleich nach dem Kriege forschte ich nach meinem ruhigen Untersuchungsbeamten. Ich fand heraus: Es war Dr. K. gewesen, Leiter der Abteilung für die Liquidierung der Juden. Er und seine Kollegen wurden in der Mai-Revolution von der wütenden Menge im Petschek-Palais erschlagen.

* * *

Die denunzierenden Artikel im *Arischen Kampf* hörten auf. Doch auch unsere nächtlichen Besuche wurden seltener, weil es in Prag kaum noch Juden gab. Dafür versammelten sich weiterhin im Militsch-Haus insgeheim Freunde, die sich nach Worten des Trostes, der Kraft und des Glaubens sehnten.

Den ganzen Krieg hindurch waren wir im Protektorat Hitlers wie in einem Gefängnis eingesperrt, ohne Möglichkeit von Kontakten zu ausländischen Freunden. Besuche, die unseren Horizont erweiterten, brachen ab.

Als ich an einem Sonntagabend mit meinen engsten Mitarbeitern zusammensaß, erschien unerwartet mein alter Freund aus Berlin, mit dem ich eine Reihe von Jahren keine Verbindung mehr besaß: Professor Erich Mohr. Er wurde in irgendeiner Behördenangelegenheit nach Prag geschickt; Reisen anderer ins Protektorat waren nicht erlaubt. Nebenbei bemerkt, Deutschen war es verwehrt, mit uns, den Angehörigen der »minderwertigen slawischen Rasse«, zu verkehren.

»Ich wollte diese seltene Gelegenheit nützen, um zu erfahren, wie es um dich und um euch alle steht«, sagte Erich. »Ich bin so froh, euch gesund und guten Mutes anzutreffen. Aber – wie kann ich mich unterstehen, euch in die Augen zu schauen? Könnt ihr denn das alles verzeihen, was wir Deutsche eurem Volk antun?«

Tiefe Reue klang aus seinen Worten. Wir fühlten, auf ihm lastete die ganze Schwere der Schuld seines Volkes. »Wie können wir Deutsche uns jemals von all den Verbrechen loskaufen, die wir an so vielen Menschen und Nationen begehen? Eine fürchterliche Zukunft erwartet uns«, sagte er erregt. »Was der Mensch sät, das erntet er. Ich sehe die deutsche Zukunft voller Kummer und Leiden. Wir sind ein verlorenes Volk…«

So sprach er zu einer Zeit, in der Hitler noch von Sieg zu Sieg stürmte.

»Um zehn Gerechter willen wollte Gott Sodom verschonen«, ermunterte ich ihn. »Ich bin überzeugt, du bist nicht der einzige Deutsche, der Hitlers Gewalttaten verurteilt. Bestimmt kennst du andere, die ebenso denken wie du.«

»Ja, ich selbst kenne viele. Manche wollten gleich am Anfang der Kriegsmaschinerie entkommen; leider wurde der Weg ins Ausland frühzeitig unmöglich gemacht. Die Zahl derer ist groß, die lieber freiwillig den Tod gewählt haben. Andere fügten sich dem Druck in der Hoffnung, das Blatt werde sich bald wenden; sie versuchen, den Weg des geringeren Übels zu gehen, entweder beim Sanitätsdienst oder bei Dienstleistungen ohne Waffe – sofern dies möglich ist. Aber es gibt auch welche, die nicht im Stande sind, Kompromisse zu schließen; die ihr Leben riskieren. Zu ihnen gehört auch unser langjähriger Sekretär des Versöhnungsbundes, Dr. Hermann Stöhr. Er sagte ein eindeutiges Nein zum Einrückungsbefehl und verweigerte den Eid auf Adolf Hitler. Nach Monaten qualvoller Gefangenschaft wurde er hingerichtet. Und es gibt viele solcher Menschen. Mehr, als die Öffentlichkeit ahnt. Doch – was bedeuten diese Opfer dieser standhaften Einzelgänger, wenn wir die Verblendung der aufgehetzten Volksmassen bedenken!«

Es lag wieder an uns, den Angehörigen eines kleinen unterdrückten Volkes, durch unseren Glauben den Vertreter eines großen und damals mächtigen Volkes aufzurichten.

Darüber, was tatsächlich an den Fronten und in der Welt geschah, berichtete uns die gleichgeschaltete Presse kein Wort. Wir waren darauf angewiesen, westliche Sender zu hören. Das geschah nicht ohne große Gefahr. Auf jedem Radioapparat klebte der Zettel: *Das Abhören ausländischer Sender wird mit dem Tode bestraft.* Doch welcher Tscheche, der Deutsch verstand, hätte sich das Freitagabend-Referat des schweizerischen Rundfunks über die Weltlage entgehen lassen? Und wenn es mit dem Radio unter dem Federbett war. Wie begierig haben wir doch den sachlichen Berichten von Professor J. R. von Salis gelauscht! Dank ihm, für all die Ermutigung und Hoffnung, die er uns in schwersten Zeiten zuteil werden ließ!

Und noch ein Erlebnis, eines von vielen, mit einem guten Ende: Anfang Januar 1945, als auch die Juden aus Mischehen ins Konzentrationslager gehen mussten, kam eine junge Frau zu mir, eine »Arierin«, deren Mann zum Abtransport aufgerufen worden war.

»Ich habe Angst, mein Mann könnte das KZ nicht überleben. Ich lasse ihn nicht fort von mir. Wir werden uns verstecken. Doch was soll ich mit meinem neunmonatigen Hannchen machen? Sie würde durch ihr Weinen unser Versteck verraten. Nehmen Sie sich bitte ihrer an, bis wir wieder frei sind!«

Ich bemühte mich, der Frau klarzumachen, es sei mir unmöglich, ein Kind von Eltern zu verstecken, die von der Gestapo gesucht werden. Aber die Mutter weinte nur und ließ sich den Glauben nicht nehmen, wenn ich nur wollte, dann ginge es schon.

Was tun? Da kam mir ein Gedanke. »Wie wär's«, sagte ich, »wenn Sie die Rabenmutter spielen und das Kind irgendwo heimlich aussetzen würden?«

»Könnte das nicht jemand anderer tun? Wäre das nicht besser?«

Im Nu war der Plan fertig. An einem dunklen Spätabend legte meine Mitarbeiterin das warm eingepackte Kindchen in einen einsamen Park. Ich beobachtete sie aus einiger Entfernung. Dann wartete ich, bis jemand daherkam, worauf ich das ausgesetzte Kind »entdeckte« und den zufällig erscheinenden Fußgänger bat, er möge mit mir auf das Weinberger[30] Polizeikommissariat gehen, wo wir das gefundene Kind abliefern wollten. Der Mann stimmte bereitwillig zu.

Der Wachtmeister war nicht wenig erstaunt, als ich ihm den lebendigen Fund auf den Tisch legte. Hannchen schlief. Als wir sie auspackten, fanden wir einen Zettel, darauf in Blockschrift: »Nehmt euch meiner kleinen Zdenka an!«

Ich machte mich erbötig, das Kind einem jungen kinderlosen Ehepaar in Pflege zu geben, das sich seiner freudig annehmen würde.

Der Wachtmeister setzte ein Protokoll auf, der Zeuge unterschrieb, und ich wollte die Kleine mit mir nehmen. In diesem Augenblick erschien der Kommissar mit aufgeknöpfter Bluse[31].

»Ich bin zwar nicht im Dienst, aber was haben Sie denn da?«

Er besah sich das Kind, las den Zettel, las das Protokoll, verabschiedete sich vom Zeugen. Und dann sagte er: »So einfach ist das nicht! Morgen geht ein neuer Judentransport nach Theresienstadt ab. Dieses Kind heißt nicht Zdenka, sondern Esther oder Rachel. Es genügt, im Verzeichnis der deportierten Juden nachzuschauen, wer von ihnen ein Wickelkind hat, und gleich werden wir der Mutter ihr ›ausgesetztes‹ Kind zurückgeben können – allerdings, mit allen Folgen für sie und ihren Mann. Bloß – was fangen wir hier mit

30 Prager Stadtteil, heute Vinohrady.

31 Uniformjacke.

dem Kind an? Wenn Sie wollen, nehmen Sie's inzwischen zu sich, und melden Sie sich morgen in der Sozialabteilung der Polizeidirektion. Das Protokoll werden sie dort schon haben.«

Ich nahm das Kind und trug es nach Hause. Am nächsten Tag empfing mich die Sozialreferentin der Polizeidirektion: »Ich habe das Protokoll gelesen und bin einverstanden, dass Sie das Kind zur vorläufigen Pflege jenem Ehepaar übergeben. Den Fund des Kindes muss ich allerdings in der amtlichen Bekanntmachung verlautbaren, in der auch sein Bild veröffentlicht wird.«

Ich besuchte Mutter und Vater der Kleinen in ihrem Versteck. Eine einsam gelegene Mühle, in der ihnen der Müller eine kleine Kammer eingerichtet hatte. Sie besaß einen beschwerlichen Zugang, doch einen mühelosen Fluchtweg für den Fall einer Gefahr. Die Eltern waren überglücklich, dass sich Hannchen – jetzt Zdenka – in guter Pflege befand. Von der Bekanntmachung erwähnte ich nichts, um ihnen keine Angst zu machen, der Betrug könnte entdeckt werden.

Hitler siegte sich zu Tode, sein »Tausendjähriges Reich« zerbrach. Das Ehepaar erschien bei mir und verlangte Hannchen zurück. Mit Schmerzen nahmen die Pflegeeltern Abschied von der kleinen »Zdenka«, sie war ihnen ans Herz gewachsen.

Und ich? Ich ging zu der Referentin in der Polizeidirektion, um ihr zu melden, Zdenka wäre jetzt wieder Hannchen und in der Nestwärme ihres Elternhauses.

»Ich hab' von Anfang an gewusst, worum es geht«, sagte die Referentin. »Und deshalb hab' ich das Protokoll sorgfältig versteckt und im Einvernehmen mit dem Kommissar kein Wort verlautbart. Nun also können wir den Fall ad acta legen.«

Ich wollte ihr danken, aber sie unterbrach mich: »Ich habe Ihnen zu danken.«

1945–1948
Aktion »Schlösser«

Kinder unter den Rädern

Als sich der Krieg dem Ende näherte, überlegte ich, wie man Vorsorge treffen könne für jene Kinder, die aus den Konzentrationslagern zurückkehren und ärztliche Fürsorge sowie Unterkunft benötigen würden. Ich hoffte, dass wenigstens einige von unseren Schützlingen – gut an die hundert! – wiederkehren würden. Denen in Auschwitz hatten wir doch Päckchen geschickt. Wie wir später erfuhren, gelangten nur wenige Sendungen in die Hände der Adressaten. Manche der Kinder waren schon längst in den Gaskammern verschwunden; ihre vorher ausgestellten Empfangsbestätigungen trafen jedoch weiterhin bei uns ein.

Nach dem Zusammenbruch des »Dritten Reiches« stellten wir allmählich fest, dass alle unsere jüdischen Kinder – bis auf fünf – umgekommen waren. Allein am 7. März 1944, vorsätzlich am Geburtstag Masaryks, starben im Gas von Auschwitz 3800 Juden aus den böhmischen Ländern, davon etwa sechshundert Kinder. Sie gingen wissend in den Tod, mit der tschechoslowakischen Nationalhymne *Kde domov můj*[32] auf den Lippen. Auch unsere Marion

32 »Wo ist meine Heimat?« ist heute noch die tschechische Nationalhymne.

vom Erholungsheim Mýto war unter ihnen, mit Mutter und älterer Schwester. Ihre Tante, die Auschwitz und manche Zwangsarbeiterlager überlebte, bestätigte es uns. Auch sie wusste, was bevorstand, als sie von ihnen Abschied nahm, und sie hörte den letzten Gesang der tapferen Jugend.

Doch es gab andere Kinder, die jene fürchterliche Zeit überlebten. Ich erfuhr, sie wären in den sogenannten Kinderheimen im Ghetto von Theresienstadt – der ehemaligen Festung aus der Zeit Josef II. – zusammengepfercht. Es wurde noch auf den Straßen geschossen, als ich mich zum ersten Mal auf den Weg dorthin machte; ausgerüstet mit dem Mitgliedsausweis des Sozialkomitees des Nationalen Revolutionsrates.

Gleich im ersten Gebäude sah ich Jungen dicht nebeneinander am Boden liegen, in ihren eigenen Exkrementen. Sanitätsgehilfen bemühten sich, die Knaben auf Tragbahren in nahestehende Waggons zu tragen. Die Armen starben unterwegs. Ihnen war nicht mehr zu helfen.

Die Sozialreferentin führte mich in ein anderes Gebäude, in dem sich Kinder bis zum Alter von sechs Jahren befanden. Sie sahen erstaunlicherweise gesund aus. Auf meine verwunderte Frage antwortete die Referentin, die erwachsenen Insassen des Ghettos hätten ihnen freiwillig einen Teil der eigenen schmalen Rationen überlassen.

Es war dringend notwendig, diese Kinder sobald als möglich fortzubringen aus dem Lager, in dem sich Flecktyphus auszubreiten begann. Ich erbat mir vom Nationalen Revolutionsrat die Beglaubigung, geeignete Objekte sicherstellen zu können. Ich dachte an das Schloss in Újezd bei Pilsen, dessen Besitzer, ein tschechischer Jude, von den Hakenkreuzlern hingerichtet worden war. Auf seinen Ländereien waren vor dem Krieg Juden für die landwirtschaftliche Pionierarbeit in Palästina umgeschult worden.

Ich wartete im Vorzimmer des »Ärztehauses« auf die Zuweisung eines Autos mit Benzin. »Warum suchen Sie denn ein Schloss weiß Gott wo, wenn Sie gar nicht weit von hier vier leere Schlösser haben können?«, meinte ein Mann, der ebenfalls auf etwas wartete.

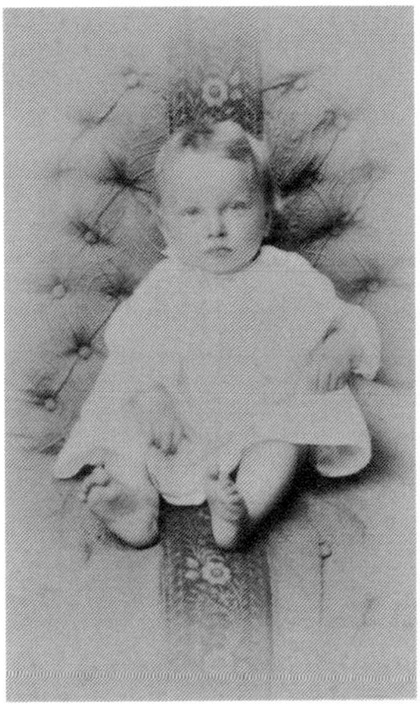

Přemysl Pitter, 1897 (ca. zwei Jahre alt).

Přemysl Pitter mit Vater und Mutter, 1901 (ca. sechs Jahre alt).

Pitter im Ersten Weltkrieg.

Pitter als Mitarbeiter in der Sozialabteilung des Ministeriums für nationale Verteidigung, 1919.

Pitter predigt vor dem Hus-Denkmal in Prag (ca. Mitte der 1920er Jahre).

Přemysl Pitter und Olga Fierz, Ende der 1920er Jahre.

Mitarbeiterteam auf der Terrasse des Militsch-Hauses in Prag, von links: P. Pitter, A. Rottová , J. Rott, O. Fierz, M. Horáková, A. Pohorská , F. Krch.

Militsch-Haus (Miličův dům) in Prag, 1937.

Jungs im Sommerzeltlager Mýto.

Přemysl Pitter in Mýto.

Erholungsheim in Mýto bei Rokycany, Kinder am Fenster, 1939.

Erste Kinder aus Theresienstadt in Olešovice, 1945.

Schloss Olešovice.

Kinder in Olešovice beim Essen.

Deutsche Mädchen im Schlosspark, 1946.

Geländespiel jüdischer »Schloss-Kinder«, Sommer 1945.

Pitter mit deutschen »Schloss-Kindern«, 1946.

Deutsche »Schloss-Kinder« in Kamenice, 1946.

Dobroslava Štěpánková, die »große Lehrerin«, mit dem deutschen Jungen Jochen.

Jüdische »Schloss-Kinder« beim Schachspiel.

P. Pitter und Z. Teichmann, Verwalter der Schloss-Sanatorien, mit Kindern aus Internierungslagern im Garten des Schlosses Lojovice.

Eingangstor Schloss Štiřín.

Pitter vor dem Lager »Valka« in Nürnberg-Langwasser, 1955. (Heute befindet sich hier das Bundesamt für Migration und Flüchtlinge, BAMF.)

Přemysl Pitter dirigiert den Kinderchor im Lager »Valka« bei einer Aufnahme für den kanadischen Rundfunk, 1958.

Feierliche Zusammenkunft in der Lagerkapelle »Valka«, Weihnachten 1956.

Přemysl Pitter spricht im Radio Freies Europa zu seinen Landsleuten in der CSSR, 1950er Jahre.

Olga Fierz und Přemysl Pitter, 1957.

Olga Fierz und Přemysl Pitter in Affoltern/Schweiz, Ende der 1960er Jahre.

Von Bundespräsident Gustav Heinemann erhielt Pitter das Bundesverdienstkreuz I. Klasse.

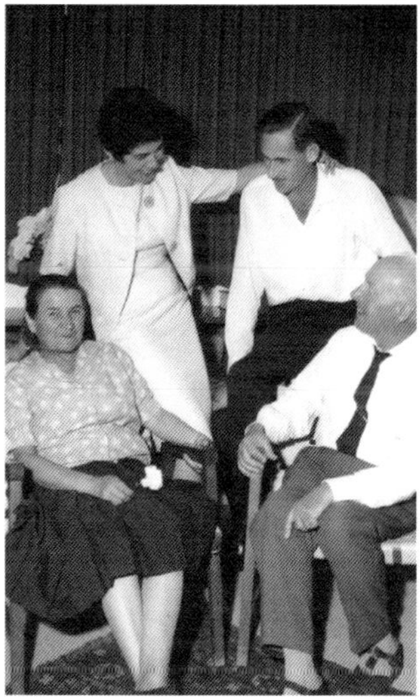

In Israel 1964, mit ehemaligen jüdischen »Schloss-Kindern«.

Přemysl Pitter und Olga Fierz in Yad Vashem, Baumpflanzung in der Allee der Gerechten, 1964.

Přemysl Pitter war immer für einen Spaß zu haben.

Am Schreibtisch zu Hause in Affoltern/Schweiz, Anfang der 1970er Jahre.

»Und wo, ich bitte Sie?«

»Zwanzig Kilometer südlich von Prag. Die Schlösser der Barone von Ringhoffer wurden konfisziert. Jetzt werden sie von russischen Soldaten geplündert.«

»Und wer sind Sie?«

»Ich heiße Liška. War der Chauffeur der Familie Ringhoffer.«

Sofort ließ ich mir den Fahrausweis umschreiben, und schon zogen wir los. Dem guten Herrn Liška bleibe ich für alle Zeiten dankbar, obwohl er mir später durch seine Trunksucht viele Schwierigkeiten bereitet hat.

Wir fuhren beim reizenden Schlösschen in Oleschowitz[33] ein. Der örtliche Nationalausschuss hatte die Baronin in zwei Räumen interniert. An einer Wand hing noch das Porträt Hitlers, mit der Bildseite zur Mauer. Das Schloss war verschont geblieben, der Park gepflegt. Für ein Kindergenesungsheim wie geschaffen. Ich versicherte der Baronin, sie werde in ihren zwei Zimmern nicht gestört und von uns beschützt werden. Leider konnte ich mein Versprechen nicht erfüllen. Am nächsten Tag wurde die Greisin auf einem Fuhrwerk weggefahren und in ein Aussiedlungslager gebracht.

Wir hielten vor dem geräumigen, aber düsteren Schloss Kamenitz[34]. Hier hatten schon betrunkene Horden sowjetischer Soldaten gehaust und die Dorfbewohner geplündert[35]. Dann folgte das malerische Schloss Štiřin mit einem reizvollen Park und einem großen Teich. Der Fußboden des geräumigen Speisezimmers war mit Scherben des herrlichen Kronleuchters übersät, alle übrigen mit Stilmöbeln eingerichteten Räume wiesen Spuren von Plünderung auf. Ankleidezimmer waren ausgeraubt, der Weinkeller geleert.

Nachher kam das ländliche Schloss in Lojowitz[36] an die Reihe. Es liegt etwas abseits und blieb deshalb verschont. Auch hier ver-

33 Tschechisch: Olešovice.

34 Tschechisch: Kamenice.

35 Im Originaltext »gestohlen«.

36 Tschechisch: Lojovice.

sprach ein schöner Park mit gepflegtem Obstgarten, ein Paradies für die Kinder zu werden.

Sofort bat ich Herrn Liška, mich zum Bezirksnationalausschuss zu fahren. Dort waren sie froh, dass sich jemand der Schlösser annahm und sie dadurch vor weiterer Verwüstung bewahrte. So wurde ich mit einem Schlag vierfacher »Schlossherr«.

Es war eine übermenschliche Arbeit – mein Freundeskreis führte sie durch –, aus den Herrensitzen in wenigen Tagen behagliche Kinderheime zu machen. Verschiedene Mitarbeiter verließen für einige Zeit ihre Anstellung, um sich vollauf der technischen, wirtschaftlichen und namentlich der erzieherischen Tätigkeit widmen zu können. Unnötige Möbelstücke lagerten wir gesondert ein, Betten und Bettwäsche brachten wir aus den ehemaligen Heimen der »Hitlerjugend« herbei. Die Villa gegenüber dem Oleschowitzer Schloss wandelten wir in ein Krankenheim um.

Jetzt also schnell nach Theresienstadt!

Ich kam mit einem großen Lastauto hin und stopfte es bis zum letzten Winkel mit Kindern voll. Am Tor wurde der Wagen vom Wachposten aufgehalten: »Wer einmal hier hereingefahren ist, darf nicht mehr heraus. Es besteht die Gefahr, dass sich Typhus im ganzen Land verbreitet.«

Ich ging zum Kommandanten, wies ihm meinen sonst allmächtigen Ausweis vor und erklärte ihm, ich würde gerade deshalb die Kinder in Genesungsheime bringen, um sie vor der Ansteckung zu bewahren.

»Bringen Sie mir die Erlaubnis des leitenden Arztes!«

Ich suchte ihn auf, bat um Sondererlaubnis zum Verlassen des Lagers. Es war alles umsonst. Ich kehrte zum Tor zurück und sagte zum Kommandanten: »Gehen Sie ans Telefon, Doktor R. will mit Ihnen sprechen!« Der Kommandant entfernte sich. Mit einem Satz war ich neben dem Chauffeur, winkte dem Wachposten mit einem Schriftstück, das Tor wurde geöffnet und schon fuhren wir in schnellem Tempo in Richtung Prag los.

Die nächsten Transporte verliefen glatter. Die Herren im Ministerium sahen ein, es sei doch besser, die Kinder aus dem Lager hinaus in Genesungsheime unter ärztliche Aufsicht zu bringen, als sie in Theresienstadt sterben zu lassen.

Jede Woche trafen weitere Kinder, ebenso Jugendliche aus Konzentrationslagern in Deutschland ein, die alle Schrecken und Entbehrungen überlebt hatten.

Beträchtliche Schwierigkeiten entstanden uns mit der sowjetischen Besatzung. Frauen durften es nicht wagen, ohne männliche Begleitung auszugehen. In die Schlösser drangen ständig Soldaten ein und verlangten Alkohol. Ich gelangte bis zum Garnisonskommandanten in Prag, trug ihm meine Beschwerde vor und bat um Ersatz für das neue Fahrrad, das unserem Lehrer von einem Soldaten gestohlen worden war.

»Schauen's her, was mir passiert ist«, antwortete der gutmütige beleibte Offizier mit goldenen Schulterstücken. »Komm ich in der Nacht in Villa zurück, wo ich wohn'. Und dort mich stellen plötzlich mit Pistole zwei von unsrigen Männern, ein bisserl besoffen, ich sollt' ihnen geben die Uhr. Was sollt' ich machen? Eh ich gezogen hätt' die Pistole, hätt' ich vielleicht Kugel gehabt in Bauch. Von betrunkene Mensch kannst alles erwarten. *Wot*[37] – ich ihnen geben die Uhr. Zwei Tage ich lass suchen die Uhr, war sehr teure Uhr. Uhren waren *mnogo*[38]. Aber die meinige njet. Was machen?« Der Offizier geleitete mich höflich hinaus, aber das war auch alles.

Wir griffen daher zur Selbsthilfe. An allen Eingängen und Zäunen brachten wir russisch geschriebene Schilder an: *Hier ist Typhus.* Und schon ließ sich kein Soldat mehr blicken.

Bald wohnten in den Schlössern über zweihundert größtenteils jüdische Kinder, deren Eltern in den Gaskammern umgekommen waren. Alle waren gezeichnet von den Folgen unendlicher Leiden, körperlich wie seelisch. Behutsame Pflege und liebevolle Erziehung bewirkten bei diesen Kindern im wahrsten Sinne des Wortes eine Wiedergeburt.

---

37 Deutsch: hier, da.

38 Deutsch: viele.

Nach Jahren schrieb mir Jehuda Bacon, heute ein hervorragender israelischer Maler: »Erst jetzt werde ich mir langsam bewusst, was für ein Glück, was für ein Wunder es war, dass ich aus den Konzentrationslagern in Ihre Kinderheime geriet. Dort habe ich den Glauben an den Menschen wiedergewonnen, weil mich so viel Liebe umgab.«

* * *

Der Zusammenbruch des »Dritten Reiches« brachte einen derartigen Ansturm von Ereignissen, persönlichem Erleben und dringenden Aufgaben, dass mir vieles entfallen ist. Olga Fierz hat einige markante Begebenheiten bald nachher niedergeschrieben. Ich bediene mich daher ihrer wahrheitsgetreuen Schilderung.

Es war gleich in der ersten Friedenswoche. Ein Unbekannter bat mich telefonisch um Hilfe für irgendeine Familie im Stadtteil Weinberge. Hinter der hohen Mauer des Olschaner Friedhofs, wo sich SS verbarrikadiert hatte, waren noch Schüsse zu hören. Im Straßenzug »Flora« gab es viele Deutsche in Wohnungen deportierter Juden. Das tschechische Prag blieb während des Krieges von Luftangriffen der Alliierten verschont und war daher ein beliebter Zufluchtsort für deutsche Familien aus den gefährdeten Städten des Reiches. Jetzt aber zeigten sich die schicksalsschweren Folgen: Die Deutschen befanden sich isoliert in einer fremden, feindlich gesinnten Umgebung.

Olga Fierz begleitete mich. An einer Kreuzung stießen wir auf eine tobende Menge; sie jagte deutsche Frauen aus den Wohnungen und zwang sie, die Barrikaden auf den Straßen wegzuräumen, herausgerissene Pflastersteine wieder einzusetzen. Auf die gebeugten Köpfe und Rücken fielen Schläge, begleitet von Schimpfwörtern. Ich versuchte, die wütende Menschenmenge zu beschwichtigen, doch beinahe hätte ich selbst dafür Schläge geerntet.

Geschützt durch die Rot-Kreuz-Armbinden, gelangten wir auf Umwegen zur angegebenen Adresse. In der bezeichneten Wohnung lag eine vor Schrecken am ganzen Leibe zitternde Greisin, eine Deutsche; an sie schmiegten sich verängstigt zwei kleine Buben. Die übrigen deutschen Bewohner des Hauses mussten, so wie sie waren, die Wohnungen verlassen; unter unaufhörlichen Schlägen wurden sie irgendwohin verschleppt. Wer zu fliehen versuchte, wurde auf der Stelle erschossen. Auch in die Wohnung der kranken Frau drangen ständig verwilderte Leute ein und drohten ihr, sie hinauszuwerfen.

Es dauerte eine Weile, bis sich Frau König einigermaßen beruhigte und ihre Enkel begriffen, dass wir als Menschen kamen, die ihnen helfen wollten.

Die Großmutter vertraute uns ihre Sorgen an. Ihre beiden Söhne waren an der Front, die Mutter der Kinder in Leipzig. Was sollte in der fremden Stadt mit den Buben geschehen, wenn die alte Frau ihrer Herzkrankheit erlag? Die Kinder verstanden kein Wort Tschechisch.

Wir berieten uns mit dem zuvorkommenden Nachbarn; er war es gewesen, der mich angerufen hatte. »Wir tschechischen Hausbewohner«, erklärte er, »wir konnten bis jetzt Frau König davor schützen, dass sie verschleppt wird. Sie und ihre Buben verhielten sich uns gegenüber stets anständig. Aber die Horden von der Straße werden von Tag zu Tag aufdringlicher; wir sind machtlos gegen sie. Gibt es denn keinen behördlichen Schutz für Unschuldige?«

Nein, so einen Schutz gab es noch nicht. Überall herrschte ein Durcheinander, hervorgerufen durch den jähen Zusammenbruch des Gewaltregimes. Ich befestigte einfach an der Wohnungstür einen Zettel mit der Aufschrift: *Diese Wohnung steht unter dem Schutz des Roten Kreuzes.* Das wirkte Wunder und brachte der Greisin Erleichterung.

Im Laufe der nächsten Besuche erfuhren wir mehr aus ihrem Leben. Der Erste Weltkrieg nahm ihr den Gatten, mittellos blieb sie mit zwei kleinen Söhnen zurück. Nichtsdestoweniger setzte sie alle ihre Kräfte daran, um den Jungen eine Hochschulbildung zu ermöglichen. »Aber kaum hatten sie sich auf eigene Füße gestellt«, berichtete sie, »griff der neue Krieg nach uns. Der eine Sohn ging als Arzt an die Ostfront, der andere – Vater der beiden Buben –

wurde nach Prag abkommandiert. Deshalb sind wir hierhergezogen. Doch bald darauf wurde er an die Ostfront geschickt. Ob sie wohl den Krieg überlebt haben? Und was wird aus uns hier? Wie lange werden uns die Tschechen in der Wohnung lassen?«

Vorläufig konnte man nichts tun; nur warten und auf Gottes Hilfe vertrauen. Im Juni zog eine neue Gefahr heran. Es erwies sich, dass jemand Interesse an der Wohnung besaß und beim Nationalausschuss um Räumung ersuchte. Olga Fierz machte den Betreffenden ausfindig. Ein Bankbeamter, einer von jenen frisch gebackenen Kommunisten, denen es um den eigenen Vorteil ging. Meine Mitarbeiterin schilderte ihm die verzweifelte Lage der Greisin und bat ihn, er möge doch mit dem Beziehen der Wohnung so lange warten, bis sich der Frau eine Gelegenheit zur Rückkehr nach Deutschland biete. Der Bankbeamte hatte kein sonderliches Verständnis für die Leiden anderer; trotzdem schien die Fürsprache geholfen zu haben.

Die Pflege unserer jüdischen Kinder bereitete uns eine solche Arbeit und übermäßige Sorgen, dass wir Frau König nur selten besuchen konnten. Da, spätabends einmal, als es schon still war im Militsch-Haus, läutete die Hausglocke. Ich saß noch am Schreibtisch. Ich schaute aus dem Fenster, fragte: »Wer ist da, was wünschen Sie?«

»Herr Pitter?«, antwortete leise eine männliche Stimme. In deutscher Sprache. Das konnte nur ein hilfesuchender Mensch sein. Als ich ihn einließ, sagte er: »Ich heiße König. Auf abenteuerliche Weise bin ich nach Prag gelangt, ich möchte meine Mutter und die Kinder wegbringen. In der Wohnung habe ich sie nicht angetroffen. Angeblich wurden sie vor kurzem interniert. Der Hausmeister meint, nur Sie könnten mir helfen, meine Angehörigen ausfindig zu machen.«

Ich war äußerst überrascht, dass es ein Deutscher in diesen Tagen überhaupt wagte, nach Prag zu kommen, und dass er frei vor mir stand. Geholfen hatte ihm ein Ausweis, demzufolge er unter Hitler einige Monate aus politischen Gründen inhaftiert war.

Herr König übernachtete im Militsch-Haus. Am nächsten Tag liefen wir von Pontius zu Pilatus, um eine Spur von seiner Mutter zu entdecken. Wir mussten uns viele gehässige Bemerkungen gefallen lassen, gelangten aber doch noch ans Ziel. Frau König war mit den Kindern in der Rais-Schule interniert, die wegen beträchtlicher Schäden durch Bomben für den Schulbetrieb gesperrt war.

Vor der Schule standen bewaffnete Wachen; eben verwehrten sie einer Frau, die jemandem ein Päckchen bringen wollte, den Zutritt: »Besuche sind verboten!« schnauzten sie. Aber mein vom Revolutionsrat ausgestellter Ausweis beeindruckte sie. Wir wurden zum Kommandanten geführt, einem ehemaligen tschechoslowakischen Major, der nach Kriegsende schnell wieder die Uniform anzog. In Begleitung der Wache durften wir Frau König suchen.

Eine Hölle tat sich uns auf, von der draußen vorbeigehende Menschen keine Ahnung hatten. Über tausend Deutsche – vorwiegend Frauen und Kinder, die Männer waren ja noch beim Militär – waren in Schulklassen und Kellern eingepfercht. Es gab kein Stroh, sie mussten auf dem blanken Boden sitzen, konnten sich nicht einmal hinlegen. Kranke und Gesunde, Alte und Kinder zwängten sich in einem unbeschreiblichen Durcheinander zusammen.

Einer der Internierten, ein deutscher Arzt mit schmutziger Schürze, wies verzweifelt auf den Raum, in dem er wenigstens die Säuglinge isolieren konnte. Da lagen sie mit verhutzelten Gesichtchen auf den Schulbänken, nichts wie Haut und Knochen, zwerghafte Greise. Es gab keine Milch für sie. Laut Anordnung hatten Deutsche die gleichen Rationen zu bekommen wie die Juden unter den Nazis. Von hygienischen Einrichtungen keine Spur. Unterernährung und ansteckende Krankheiten vollbrachten ihr verheerendes Werk. Wie wir später erfuhren, starben alle Säuglinge.

Frau König und die Buben fanden wir im Keller. Als sie vom Eintreffen ihres Sohnes erfuhr, huschte ein Schimmer über ihr fahles Gesicht. Erschüttert bis in den Grund der Seele, verließen wir das Internierungslager.

Ich erhielt die Erlaubnis für die Entlassung von Frau König und der Kinder; unter der Bedingung, dass sie sofort mit ihrem Sohn abreise. Wir brachten sie ins Militsch-Haus. Greisin und Kinder waren buchstäblich ausgehungert. Gebadet, ausgeruht und mit den notwendigen Dingen versehen, traten alle in Begleitung einer Mitarbeiterin die Reise mit dem Zug in den Westen an.

* * *

Unsere Schützlinge waren erlöst. Doch was sollte mit all diesen Unglücklichen geschehen, die im Internierungszentrum bleiben mussten? Ich versuchte auf verschiedenste Weise, einflussreiche Stellen aufzurütteln, zur Abhilfe zu bewegen. Als der Leibarzt von Präsident Beneš die Kinder aus den Konzentrationslagern in unseren Schlössern besuchte, war er voller Dankbarkeit und bot mir als Gegenleistung seine Dienste an. Daraufhin bat ich den Arzt, mit mir in die Rais-Schule zu fahren, und zeigte ihm dort die verhungernden Säuglinge. Anschließend ersuchte ich ihn um Fürsprache beim Präsidenten, dass die deutschen Kinder Milch bekämen. Allein, selbst dem Präsidenten war es unmöglich, irgendetwas an den Bestimmungen des Innenministeriums und des Ministeriums für Ernährung zu ändern; beide Ministerien befanden sich bereits in den Händen der Kommunisten.

In der gesundheitlich-sozialen Kommission des Landes-Nationalausschusses schilderte ich die erschütternden Verhältnisse in der Rais-Schule. Auf einige Mitglieder, noch berauscht von revolutionärer Begeisterung, hat das wie eine kalte Dusche gewirkt. Nichtsdestoweniger bestand wenig Hoffnung auf einen baldigen Erfolg meiner Interventionen. Die Gräueltaten der Nazis waren noch zu lebhaft in Erinnerung.

In dieser Zeit wurde das Ministerium für Sozialfürsorge wieder geschaffen. Dort traf ich zum ersten Mal auf Verständnis und Unterstützung. Ich erhielt die Erlaubnis, alle kranken und verlassenen deutschen Kinder in unsere Erholungsheime zu verlegen. Innerhalb von zwei Tagen wurden die jüdischen Kinder, die sich bereits erholt hatten, aus zwei Schlössern in eines umgesiedelt. Kinder und Jugendliche fremder Staatsangehörigkeit waren ohnedies schon reisefertig für den Abflug nach England. Das Schloss in Lojowitz gestalteten wir zur Isolierstation für deutsche Kinder um. Schon am 26. Juli konnten dreißig Kinder aus der Rais-Schule hintransportiert werden.

Niemals werde ich vergessen, wie wir damals diese beinahe sterbenden Kinder in einem alten Autobus des Roten Kreuzes befördert, wie wir sie zunächst im Schlosspark auf den grünen Rasen gelegt haben. Apathisch blieben sie liegen. Und wie diese Kinder allmählich zu Kräften kamen und fast alle gesund wurden.

Damit wurde das zweite Kapitel der »Schloss-Ära« aufgeschlagen. Im Laufe von zwei Jahren fanden über vierhundert deutsche Kinder aus tschechischen Internierungslagern Rettung und Schutz in den Heimen der Schlösser. Und es glückte auch, nachdem wir lange und mühevoll nach den Familienangehörigen der Kinder geforscht hatten, sie endgültig mit ihnen zu vereinigen.

Nicht nur in der Rais-Schule haben im Sommer 1945 viele Mütter und Kinder gelitten. Es gab in Groß-Prag an die dreißig Internierungslager für Deutsche und Kollaborateure[39] mit etwa zehntausend Erwachsenen und fünfzehnhundert Kindern.

Am schlimmsten ging es im *Sokol*-Stadion zu. Hier mussten Tausende von Menschen ohne Decken auf blankem Boden, unter freiem Himmel schlafen. Schwerkranke und Kinder lagen in nicht zu schilderndem Schmutz, gequält von Ungeziefer und heißer Sommersonne. Nicht bloß die Klosette, auch die Wege dorthin waren von Ruhrkranken besudelt, die sich nicht mehr weiterschleppen konnten und in ihren eigenen Exkrementen liegenblieben. Unter diesen Menschen fanden wir einen alten Universitätsprofessor, Freund von Präsident Masaryk, der ihn aus Deutschland an die Prager Universität berufen hatte. Diese skandalösen Zustände ent-

39 Tschechen, die die Nationalsozialisten unterstützt hatten.

weihten jenen Ort, der Schauplatz großartiger *Sokol*-Turnfeste[40] gewesen war.

Ich war mit der Gattin des Prager Oberbürgermeisters, Frau Vacková, bekannt, einer edelgesinnten Dame und treuen Kommunistin. Ich führte sie einfach ins Stadion. Sie wurde vor Schreck beinahe ohnmächtig. Frau Vacková schickte mich daraufhin ins Stadion mit zwei Abteilungsleitern des Innenministeriums, in dessen Kompetenz die Aussiedlungszentren fielen. Das Lager wurde tatsächlich nach ein paar Tagen aufgelöst und die Insassen auf verschiedene Landorte verteilt.

Die Beschwerden aus dem Ausland häuften sich. Ich wurde von der gesundheitlich-sozialen Kommission des Landes-Nationalausschusses mit der Kontrolle der Internierungslager und Aussiedlungszentren betraut und um Berichte ersucht. Das hat mir Zutritt zu vielen Lagern verschafft und die furchtbaren Verhältnisse aufgezeigt, die nur wenigen Tschechen bekannt waren. Vielerorts bekamen die Internierten nicht einmal die »jüdischen Rationen«, die ihnen zustanden. Überall herrschten Willkür und Böswilligkeit. Es zeigte sich, dass nur ein geringer Prozentsatz der Internierten aktive Nationalsozialisten gewesen waren. In meinem vertraulichen Bericht verlangte ich, dass im Sinne der Erklärung des Ministerpräsidenten nur jene Deutsche in Lagern belassen werden sollten, die tatsächlich aktive Mitglieder der Hitler-Partei gewesen waren.

Das allmächtige Innenministerium ließ sich ein derartig kritisches Eingreifen nicht gefallen. In der Tagespresse erschienen entstellte Auszüge aus meinem vertraulichen Bericht. Der Landes-Nationalausschuss wurde aufgefordert, mich wegen »Deutschfreundlichkeit« aus der Kommission auszuschließen. Was denn auch geschah.

40 Deutsch: Falke, Turnerbewegung seit 1862 in slawischen Ländern, gibt es bis heute.

Das war im Frühherbst des Jahres 1945. Was sollte nun aus den Schlössern werden, die mir der Nationalausschuss in Verwaltung gegeben hatte? Was aus den Kindern, die sich dort erholten? Die deutschen Kinder vor allem würden die Betroffenen sein. Sicherlich beließ sie das Innenministerium nicht in der Obhut einer »unzuverlässigen Privatperson«, die ich jetzt geworden war. War denn alle Mühe für Rettung der Kinder umsonst gewesen?

Niedergeschlagen ging ich in das Ministerium für Sozialfürsorge; ich hatte dort etwas zu erledigen. Der Sektionschef für Jugendfürsorge, Doktor Stanislav Kohout, betrat den Raum und fragte mich nach »meinen Kindern«.

»Soeben wurde mir jede Kompetenz entzogen.«

Er nahm mich in sein Arbeitszimmer. Lange Zeit saßen wir einander schweigend gegenüber. Es kam mir vor wie eine Totengedenkfeier. Schließlich stand Dr. Kohout auf und sagte: »Das Ministerium für Sozialfürsorge übernimmt alle Schlösser und ernennt Sie zu ihrem Verwalter. Gleichzeitig betraue ich Sie mit der Pflege der in Lagern internierten Mütter und Kinder bis zu deren Abtransport hinter die Grenze. Der Verbindungsmann zum Ministerium wird unser Dr. Ladislav Štastný sein.«

Dr. Kohout konnte keinen fähigeren Menschen bestimmen als Dr. Ladislav Štastný, mit dem mich bald eine seltene Freundschaft verband. Wegen seiner jüdischen Abstammung war er vor Hitler nach England geflohen; alle Angehörigen seiner Familie kamen um. Und dieser Mensch sollte für die Kinder einer Nation sorgen, die so schwere Verbrechen an den Juden beging? Mit welch einer Liebe er an diese Kinder dachte, das weiß vielleicht nur ich. Und dann seine Frau, die er sich später aus dem Kreis meiner Mitarbeiterinnen ausgewählt hat. Was zunächst ein Unglück für unsere Kinder zu sein schien, wandelte sich schnell und wurde zum Segen.

* * *

Selbstlos pflegten meine Freunde die Kinder und verwalteten die Heime. Andere steuerten mit Geschenken und Darlehen bei, weil die Auszahlungen aus der Kasse des Ministeriums an komplizierte Verrechnungsweisen gebunden waren und die Kinder in der Zwischenzeit verhungert wären. Ich gab deshalb ein Rundschreiben für die ehemaligen Leser meiner Monatsschrift heraus, die unter dem Hitlerregime eingestellt und von den neuen Herrschern nach dem Krieg nicht wieder erlaubt wurde. In dem Appell schilderte ich die Leiden der deutschen Kinder und bat um Hilfe. In kürzester Zeit hatte ich achtzigtausend Kronen in den Händen, einen für die damalige Zeit sehr ansehnlichen Betrag. In dieser Hilfe offenbarte sich die Seele der Nation, ihre Treue zu den humanistischen Gedanken Komenskýs[41] und Masaryks.

Die Kommandanten der Internierungslager waren größtenteils froh, sich der Kinder entledigen zu können. Mit den deutschen Müttern war es schon schwieriger. Die Sicherheitsorgane überließen sie uns nur dann, wenn wir sie in unseren Häusern als Hilfskräfte brauchten. Doch die Mütter in den Lagern waren durch bittere Erfahrungen sehr misstrauisch geworden; sie ließen sich nur ausnahmsweise dazu bewegen, uns ihre Kinder anzuvertrauen. So kam es, dass sich unsere Heime vornehmlich mit Kindern füllten, die auf der Flucht oder in den Revolutionstagen verloren gingen oder auch in den Lagern selbst von ihren Müttern getrennt wurden.

Der Platz in den Schlössern reichte nicht mehr aus, alle unsere Schützlinge aufzunehmen. Ich übernahm noch das ehemalige Hotel im unweit gelegenen Ládví; damit konnte ihre Zahl auf dreihundertdreißig ansteigen.

Leid taten uns jene Kinder, die weiterhin in den Lagern darben mussten. Bei unseren zahlreichen Besuchen bemühten wir uns, für sie Kostzulagen einzuschmuggeln und den Müttern Trost zu bringen.

Schmerzhaft in mein Gedächtnis eingeprägt hat sich die Erinnerung an den Heiligen Abend 1945 im Lager Hagibor. Kaum hatten

41 Jan Amos Komenský (1592–1670), bei uns bekannt als Johann Amos Comenius, mährischer Philosoph, Theologe und Pädagoge.

wir die Weihnachtsfeier im Militsch-Haus, die so voll freudiger Eindrücke war, beendet, eilten wir mit einem Weihnachtsbaum und Geschenken ins Lager. Während meine Helferinnen den Baum unter Aufsicht der Wachen schmückten, ging ich durch die Baracken und lud zur Weihnachtsfeier ein. Der ungeheizte, kahle Raum füllte sich mit bleichen, verängstigten Kindern und misstrauisch schauenden Müttern. Ich intonierte »Stille Nacht, heilige Nacht«. Zu unseren Stimmen kamen zaghaft andere Stimmen hinzu. Ich bemühte mich, auf den Kindergesichtern ein Lächeln hervor zu zaubern. Da unterbrach der Kommandant der Wache energisch meine Ansprache: »Schmusen Sie nicht herum mit den Kindern unserer Feinde!«

Ich sprach weiter über die Liebe Jesu Christi, die keine Schranken der Rasse, der Sprache und des Glaubens kennt. Zum Schluss wurden alle mit belegten Brötchen und Kuchen beschenkt, die gute Seelen für sie gerichtet hatten. Auch primitiv gebastelte Puppen und kleine Tiere, Notizhefte mit Bleistiften bereiteten Freude. Wertvollere Geschenke hätten die Wachen abgenommen.

Mit gemischten Gefühlen kehrten wir von dieser Weihnachtsfeier nach Hause zurück. Unmenschlichkeit bedrückt viel mehr, wenn sie die eigenen Landsleute begehen.

Inzwischen erlebten die Schützlinge in unseren Schlössern Stunden, an die sich heute noch viele erinnern. So schrieb Siegfried, der damals vierzehn Jahre alt war: »Im Schloss Štiřin geschah etwas, was uns früher unmöglich erschienen wäre: Wir saßen mit jüdischen Jungen zusammen und sangen gemeinsam deutsche und tschechische Weihnachtslieder! Aber dort war es selbstverständlich.«

Der größte Unwille und Entrüstung darüber, dass wir in den Schlossheimen auch deutsche Kinder umsorgten, war von Juden zu erwarten; hatten sie doch unter den Deutschen die schlimmsten Grausamkeiten erduldet. Allein, diese Erwartung war falsch. Für die Juden war es eine Selbstverständlichkeit, dass wir uns der unschuldigen Kinder oder der von Hitler verführten Jugend annahmen. Der jüdische Arzt Dr. Emil Vogl, betraut mit der

Gesundheitspflege unserer Schützlinge, überlebte als einziger seiner Familie die Leiden einiger Konzentrationslager. Dr. Vogl war stark bewegt, als er sah, in welch elendem Zustand die deutschen Kinder zu uns kamen; er pflegte sie mit der gleichen Liebe wie die Opfer des Nationalsozialismus. Eine jüdische Lehrerin – auch sie kam aus dem Konzentrationslager ohne ihre nächsten Angehörigen zurück – erbot sich, unsere neuen Schützlinge zu betreuen. Sie war ihnen eine genauso hingegebene und liebevolle Erzieherin wie vorher den jüdischen Kindern im Ghetto von Theresienstadt.

Unsere jüdische Jugend half bereitwillig, Betten für deutsche Kinder umzuquartieren und für sie das Essen vorzubereiten. Einigen hat es zwar – wie sie später gestanden – gegraut, als die deutschen Jungen erschienen; durch ihr Äußeres wurden sie an ihre früheren Peiniger erinnert. Niemals jedoch haben wir irgendwelche Anzeichen von verborgenem Hass beobachtet. Aus gesundheitlichen und technischen Gründen hatten wir die jüdische und die deutsche Jugend getrennt untergebracht. Doch sie begegneten einander im Garten, auf den Spielplätzen, in der Küche, bei der Arbeit und anderswo. Die jüdische Jugend hat sich gegenüber der deutschen in keinem Fall unfreundlich benommen. Vereinzelte Unstimmigkeiten wurden von älteren deutschen Jungen hervorgerufen, die noch nicht imstande waren, die ihnen beigebrachten Vorurteile und ihren Eigendünkel abzulegen. Das Verhalten unserer Juden war ein beschämendes Beispiel von Großmut für die »christliche« Welt ringsum. Eine Welt, die sich vom Drang nach Vergeltung betören ließ und so viele neue Leiden hervorrief.

* * *

Die tschechoslowakische Regierung rechnete damit, dass es ihr gelingen werde, die Deutschen bis zum Winter auszusiedeln. Aber die amerikanischen Besatzungsbehörden lehnten weitere Transporte nach Westdeutschland ab; ebenso die Russen nach Ostdeutschland. Damit wurde klar: Die Deutschen werden in den Aussiedlungslagern überwintern müssen.

Ich machte die zuständigen Stellen aufmerksam darauf, dass diese Menschen an Kleidung nur das anhätten, was sie in den warmen Maitagen getragen hatten, als sie aus ihren Wohnungen geschleppt worden waren. Und dass es notwendig sei, sie wenigstens mit zwei Decken zu versorgen. Im Organ der kommunistischen Partei, dem *Rudé právo*, erschien darauf ein Artikel mit der fett gedruckten Überschrift: »Pitter will den Deutschen Pelze anziehen!« Ein anderer Titel behauptete: »Hitlerjugend kugelt in luxuriösen Schlössern herum.«

Anzeigen und Anfeindungen mehrten sich. Innenministerium und Polizeidirektion verboten mir den Zutritt zu den Lagern. Ich erbat mir deshalb im Ministerium für Sozialfürsorge die Beglaubigung, mit dem Britischen Roten Kreuz zwecks Übernahme von Müttern und Kindern aus den Internierungslagern in die Britische Zone zu verhandeln.

Nach dem Neujahrstag 1946 kam ich mit dem Flugzeug in London an. Ich traf auf volles Verständnis und Unterstützung seitens unseres Botschafters Max von Lobkowicz, ich wurde auch von der Präsidentin des Britischen Roten Kreuzes wohlwollend aufgenommen. Doch sollte ich mir von unserem Außenministerium gleichfalls eine Beglaubigung besorgen. Glücklicherweise war Minister Jan Masaryk[42] gerade in London.

Er empfing mich mit den Worten: »Um Himmels willen, was treibt ihr denn dort mit den Deutschen? Schauen Sie sich mal diesen Berg von Protesten an! Ich fürchte mich schon, jemanden zu treffen; er könnte mir seine offizielle Verwunderung ausdrücken! So eine Schande!« Und Masaryk fügte etwas hinzu, was ich lieber verschweige.

42 Jan Masaryk (1886–1948), Sohn Tomáš Garrigue Masaryks, des ersten Präsidenten der Tschechoslowakei, 1940–1948 tschechoslowakischer Außenminister.

»Eben deshalb bin ich da«, sagte ich und informierte ihn kurz über meine Bemühungen, den Abtransport von Kindern und Müttern in die britische Zone zu erreichen.

»Und was wollen Sie von mir?«

»Eine Beglaubigung.«

Jan Masaryk nahm aus der Schublade ein paar Blatt Papier mit dem Briefkopf des Ministeriums, unterschrieb, reichte mir das Blatt.

»Schreiben Sie drauf, was Sie wollen.«

Ich war gerührt über dieses Vertrauen und bedanke mich dafür.

»Aber es wäre mir lieber, wenn Sie mir das, so wie es sich englisch gehört, schreiben ließen.«

Die Verhandlungen über die Transferierung von Kindern und Müttern entwickelten sich verheißungsvoll. Vorgesehen war das gut eingerichtete Lager Uelzen in Nordwestdeutschland. Ich konnte die Stunde nicht erwarten, da ich bei der Präsidentin des Roten Kreuzes vorsprechen sollte, um von ihr die verbindliche Zusage zu erhalten und die Verhandlungen über die Durchführung der Aussiedlung abzuschließen.

Der Blick auf ihr trauriges Gesicht sagte mir mehr als ihr Bedauern.

»Aus dem von Polen besetzten Gebiet strömen Hunderttausende von Deutschen nach Deutschland. Das Lager Uelzen ist von Flüchtlingen überfüllt; es ist nicht daran zu denken, dass die britische Okkupationsbehörde noch weitere Tausende deutscher Kinder und Mütter aus der Tschechoslowakei übernehmen könnte.«

Daher mussten die Internierten noch viele schwere Monate in den tschechischen Aussiedlungslagern verbringen.

* * *

Tief deprimiert kehrte ich heim, doch in der frischen Atmosphäre unserer Schlossheime erholte ich mich ein wenig. Wir versammelten die Kinder zu fröhlich unterhaltenden Stunden; die größeren auch zu ernsten Ansprachen und Diskussionen.

Die ersten, die sich bei uns wie zu Hause fühlten, waren die Mädchen. In ihren Seelen hatte die nationalsozialistische Erziehung offenbar nur sehr geringe Spuren hinterlassen. Anders stand es um die Jungen, die bereits bei der »Hitlerjugend« gewesen waren. Im Dezember 1945 erreichte ich, dass mir eine ganze Gruppe solcher Jungen übergeben wurde. Ich holte sie mir aus dem Theresienstädter Gefängnis, wohin sie anstelle der befreiten Juden gekommen waren. Diese Jungen hatten Schläge und Hunger bei schwerer Arbeit erduldet. Sie glaubten nicht mehr an das Gute im Menschen, sie mussten auch mich hassen. In ihrer Abneigung ließen sie sich weder durch die freundschaftliche Behandlung, noch durch all die Pflege beirren, die ihnen von uns zuteil wurde. Diese Jungen lebten – wie sie uns später selbst gestanden – in der Überzeugung, wir wollten sie auffüttern, damit sie dann zur Sklavenarbeit fähig wären.

Monate hindurch nagte das Misstrauen in ihnen und stachelte sie zu Widerspenstigkeit, ja, zu frechem Betragen auf. Trotzdem hörten sie von uns nicht ein einziges gegen Hitler gerichtetes Wort, der stets für sie ein gestürzter Heros war, ein Gott.

Es waren bedauernswerte Geschöpfe, verführte Kinder, die ihren ganzen Glauben an einen falschen Helden gekettet hatten und deren Ideale jetzt in Trümmern lagen. Da konnten Worte nicht mehr helfen. Nur Liebe.

Einmal ließ ich mich entschuldigen, ich könnte nicht zur Sonntagsunterhaltung kommen, weil ich mich an der Totenfeier für meinen Freund Jaroslav Šimsa beteiligen würde, einen Freund, der im Konzentrationslager Dachau im Dienste seiner Schicksalsgenossen starb. Der nachdenkliche Jochen glaubte, er habe falsch verstanden.

»Dem Herrn Direktor ist tatsächlich ein Freund im KZ gestorben?«, fragte er die »große Lehrerin«. Nicht bloß ihre körperliche Figur rechtfertigte diese Bezeichnung; es lag etwas Großes in der Art, wie sie sich mit ein paar deutschen Brocken den Weg zum Herzen dieser Jungen zu bahnen verstand.

»Nicht nur ein Freund. Viele Freunde!«

»Aber – wie bringt er es dann fertig, sich um uns Deutsche zu kümmern?«, fragte Jochen erstaunt.

Die »große Lehrerin« öffnete ruhig eine deutsche Bibel. Sie hatte diese Bibel beständig zur Hand, benutzte sie wie ein Wörterbuch.

»Da, lies!«, sagte sie und bezeichnete die Stelle mit dem Finger.

Und Jochen las: »Ihr seid alle Brüder, denn einer ist euer Vater, der im Himmel ist.«

Diese Antwort war vielen Jungen ein Grund, tiefer nachzudenken.

Nur der sechzehnjährige Werner blieb kühl und beteiligte sich nicht an den Sonntagsveranstaltungen. Er hatte bereits bei einer SS-Formation im besetzten Polen gedient. Zur Härte erzogen, verstand er nur Härte – bis ihn die eigene zu ersticken drohte.

Werner hatte sich angewöhnt zu rauchen. Das war natürlich bei uns nicht erlaubt. Als er im Schlosspark Laub zusammenrechte, nützte er unbewachte Augenblicke, um mit Kameraden zu rauchen. Ich weiß nicht, auf welche geheimnisvolle Weise er zu Zigaretten kam.

Im März 1946 war es lange Zeit trocken. Auf einmal geriet das hohe Gras durch ein fortgeworfenes Streichholz in Brand. Es half nicht das Niedertrampeln der brennenden Halme, nicht einmal das Schlagen mit Rechen und Schaufel. Das Feuer breitete sich mit großer Geschwindigkeit aus, erfasste den Holzzaun, sprang auf die Bäume des benachbarten Waldes über. Im verzweifelten Kampf mit dem Feuer brach Werner zusammen. Ein Waldbrand wäre entstanden, hätten die Arbeiter der gegenüberliegenden Fabrik nicht rechtzeitig die Flammen bemerkt. Sie rannten mit Schaufeln und Hacken herbei und dämmten das Feuer ein.

Die Ortspolizei nahm sofort die Ermittlungen auf; mit offensichtlicher Freude darüber, dass endlich ein Grund vorhanden war, sich der verhassten »Hitler-Lauser« zu entledigen. Aber die »große Lehrerin« erhob Einspruch: »Die Schlösser unterliegen der Verwaltung des Ministeriums; es ist daher Sache des Direktors, in der Angelegenheit zu ermitteln, die Schuldigen ausfindig zu machen und zu bestrafen.«

Werner und Heinz meldeten sich selbst, um ihre jüngeren Kameraden vor Strafe zu bewahren. Mit verstocktem Schweigen erwarteten sie das Urteil, dessen Berechtigung sie anerkannten. In Gedanken nahmen sie schon Abschied vom gastlichen Schloss, das ihnen Schutz gewährt hatte. Als ich mir am Abend die beiden rufen ließ, versuchten sie mit keinem Wort, sich zu verteidigen.

»Versetzt euch einen Augenblick in meine Lage«, begann ich. »Stellt euch vor, ihr wäret Direktoren von Heimen, in denen ihr trotz vieler Schwierigkeiten und Hindernisse Kinder der Feinde beschützt und für sie sorgt. Und nun passiert es, dass eure ältesten Schützlinge, von denen ihr mit Recht ein gewisses Verständnis für eure schwere Aufgabe erwarten könnt, dass gerade diese Schützlinge durch ihren Ungehorsam die Bevölkerung noch mehr aufstacheln gegen ein Werk, das dem Schutz der Kinder ihres Volkes dient. Ja, dass sie sogar den Bestand dieser Heime gefährden. Was würdet ihr mit solchen Jungen tun?«

Werner musste sich nicht lange besinnen. »Zurück in die Festung«, war seine Antwort. Und Heinz nickte traurig.

»Gut, ich billige die Strafe, die ihr euch selbst bestimmt habt. Weil ihr aber gestanden habt und die Tat bereut, will ich euch Gelegenheit geben, eure Schuld gutzumachen. Wenn ihr durch eigene Arbeit den Schaden bezahlt, und wenn ihr im Heim keine Veranlassung zu neuen Beschwerden gebt, dann dürft ihr bleiben. Sobald ihr aber diese Bedingungen verletzt, gilt eure Strafe. Einverstanden?«

Und ob sie einverstanden waren! Die Jungen wussten zu gut, was sie in Theresienstadt erwartet hätte. Zum ersten Mal erlebten und begriffen sie, was Gnade bedeutet.

Zur Frühlingszeit gab es in der Baumschule Arbeit in Hülle und Fülle. Ich vereinbarte mit dem Forstverwalter, dass er unsere Jungen beschäftigen würde. Das war ihm sehr recht; er selbst bot den Lohn, den auch die anderen Arbeiter bekamen. Doch Heinz und Werner hätten sehr lange gebraucht, monatelang, ehe sie im Stande gewesen wären, von ihrem Verdienst den angerichteten Schaden zu ersetzen. Ihre Kameraden meldeten sich freiwillig, sie würden ihnen helfen. Einer der Erzieher, ein junger Lehrer, ging mit den Jungen täglich zur Arbeit und jätete mit ihnen Quecken aus den gepflügten Furchen. Die Jungen sahen diese Arbeit nicht als aufgezwungenen Sklavendienst an, sondern als freudig gewährte Hilfe. Der Förster sagte später, in seinem Revier sei bisher niemals so gründlich gearbeitet worden.

Doch es vollzog sich eine noch größere Wandlung in den Seelen der Jungen. Seit jenem unerwarteten Urteil keimte in Werner eine tiefe Achtung für uns auf, für diese merkwürdigen Angehörigen einer »feindlichen« Nation. Jetzt versäumte er keine einzige Gelegenheit, an unseren Andachten teilnehmen zu können.

Die »kleine Lehrerin«, Tochter eines mährischen Pfarrers, hatte während ihres Studiums in der Schweiz Deutsch gelernt. Einmal las sie in geruhsamer Stunde der reiferen Jugend aus Tolstois *Volkserzählungen* vor. Dabei erwähnte sie, wie lieb mir dieses Buch sei, weil es mich im Ersten Weltkrieg zum Evangelium und zur inneren Umkehr geführt habe. Da tauchte aus den Reihen unserer Jungen der Vorschlag auf, sie sollten eine von diesen Erzählungen aufführen. Die Wahl fiel auf die Erzählung *Wo Liebe ist, da ist Gott*. Obwohl Werner vorher keinerlei schauspielerische Veranlagung gezeigt hatte, bat er darum, die Hauptrolle des Schusters Martin Awdejitsch übernehmen zu dürfen.

Es war in den ersten Sommertagen des Jahres 1946, als sich Kinder und Erwachsene im Saal des Kamenitzer Schlosses versammelten. Ergreifender Ernst erfüllte diese Vorstellung. Denn die Schauspieler spielten nicht, sie erlebten zutiefst den Inhalt der Erzählung Tolstois. Nicht der alte Werner stellte den Schuster Awdejitsch dar, nicht der harte Anbeter Hitlers und skeptische Widerstandsgeist. Das war ein neuer Mensch, der gegen Ende des Spiels demütig und tief ergriffen jene Worte Jesu vortrug, die Martin Awdejitsch in seiner Bibel las:

> »Ich bin hungrig gewesen, und ihr habt mich gespeist. Ich bin durstig gewesen, und ihr habt mich getränkt. Ich bin ein Gast gewesen, und ihr habt mich beherbergt. Ich bin nackt gewesen, und ihr habt

> mich bekleidet. Ich bin krank gewesen, und ihr habt mich besucht. Ich bin gefangen gewesen, und ihr seid zu mir gekommen. Wahrlich, ich sage euch: Was ihr getan habt einem unter diesen meinen geringsten Brüdern, das habt ihr mir getan.«

Ein besonders tiefes Erlebnis bedeutete das Spiel für den sechzehnjährigen Jochen, obwohl er sich nicht aktiv beteiligen konnte; er war zu schwach. Während der Internierung erkrankte er an Typhus; als er bei uns eintraf, war er nur mehr Haut und Knochen. Der Junge besaß ein zartes Gemüt. Wahrscheinlich musste er in nationalsozialistischen Heimen, in denen er erzogen wurde, als sich seine Eltern scheiden ließen, viel erdulden. Schon dort hatte er heimlich folgende Verse geschrieben:

> So zieh'n die rauhen Kriegeshorden
> plündernd durch manch schönes Land.
> Sengen, Brennen, Rauben, Morden
> sind die Werke ihrer Hand.
>
> Dies Leben kann mir nicht gefallen.
> Verflucht sei aller Krieg!
> Er bringt nur Unglück allen.
> Was nützt ein grauser Sieg?

In Kamenitz schrieb er hinzu:

> Die Rache, alles zu zerstören,
> wo steckt denn da der Sinn?
> Lande, die uns nicht gehören,
> bringen nie für uns Gewinn.
>
> Auch andere Völker wollen leben,
> frei und unabhängig sein
> und nach ihren Zielen streben,
> denn keiner hat dies Recht allein!

Jochen folgte begierig allen meinen Ansprachen. Er hatte vor, eine Schrift über die Versöhnung der deutschen und tschechischen Jugend zu verfassen, sobald er genesen wäre. Fast zur gleichen Zeit erhielt er Nachricht von seinem Vater aus Berlin und von der Mutter aus Südafrika. Der Junge hoffte, er werde sich bald einem Transport nach Berlin anschließen können. Doch sein gesundheitlicher Zustand verschlechterte sich ständig. Die fachärztliche Untersuchung ergab Miliartuberkulose. Wir wollten den Jungen nicht ins berüchtigte Krankenhaus für Deutsche geben; sein Leben wäre dort traurig zu Ende gegangen. Wir isolierten ihn in einem Raum des Kamenitzer Schlosses. Und da hat ihn die »große Lehrerin« bis zur letzten Stunde gepflegt.

Dieser Junge hat mir noch während der letzten Besuche schwerwiegende Fragen gestellt. Über die christliche Botschaft von der Brüderlichkeit aller Menschen. Über das Leben hinter den Pforten des Todes. Und Jochen hat meinen Ausführungen mit gespannter Aufmerksamkeit gelauscht.

Als seine Mutter von seinem Zustand Kenntnis erhielt, entschloss sie sich, nach Europa zu fliegen. Es war jedoch sehr schwierig, die Einreiseerlaubnis in die Tschechoslowakei zu erhalten. Und so traf die Mutter erst zu Jochens Einäscherung ein.

* * *

Wie viele tragische Schicksale könnte ich hier beschreiben! Meistens fanden sie doch noch ein glückliches Ende. Ich denke an die sterbende fünfjährige Uschi. Der Vater war an der Front gefallen, die Mutter erlag in der Internierung dem Typhus. In unserer Krankenstation kämpften Arzt und Pflegerinnen lange Monate um das Leben der Kleinen. Sie wurde gesund, ist heute eine glückliche Lehrerin in Westdeutschland.

Ich denke an den in sich gekehrten Burki, dessen Eltern der Revolution zum Opfer fielen. Heute ist er ein angesehener Ingenieur. Und dann der kleine Wolfgang! Er bekam einen hysterischen Anfall von entsetzlicher Angst, als er hörte, der »Engländer« –

einer meiner Freunde – käme nach Kamenitz. Wolfgang glaubte, er werde Bomben werfen – so wie er es in Berlin erlebt hatte[43]. Schließlich fuhr er dann doch in diese Stadt, zu seiner Mutter.

Es war eigentlich ein Wunder, dass wir in einer Zeit, da die Tschechoslowakei noch an allem unter großem Mangel litt, die materiellen Mittel für alle diese Kinder aufbrachten. Es zeigte sich, dass die geistigen Bande mit unseren ausländischen Freunden durch die Unterbrechung während des Krieges keineswegs schwächer geworden waren, im Gegenteil. Die Freunde aus dem *Versöhnungsbund* in verschiedenen Ländern sandten uns Pakete mit Lebensmitteln und Kleidung für unsere Schützlinge – sogar aus Hawaii und Alaska! Manchmal gab es so viele dieser Pakete, dass wir mit dem Auspacken und Sortieren des Inhalts nicht nachkamen.

Das größte Geschenk war ein ganzer Waggon mit neuen Kleidungsstücken, Schuhen und Wäsche; alles duftete nach Sauberkeit. Diese Fülle war das Ergebnis einer Sammlung des Schweizer Zweiges des *Internationalen Zivildienstes.* Die Kinder fühlten sich wie im Märchen, als sie ihr letztes Lumpenzeug gegen geschmackvolle Kleidung austauschen und in ungeflickter Bettwäsche schlafen konnten. Sogar kleine Gedichte haben sie darüber gemacht. Schade, dass die mildtätigen Spender nicht die glückseligen Kindergesichter sehen konnten!

Die einzige große Sorge unserer Schlosskinder war die Frage, was mit ihren Muttis und Geschwistern geschehen sei. Waren sie nicht vielleicht irgendwo in Lagern, bei der Zwangsarbeit, auf dem Transport umgekommen? Wir bemühten uns, die Familienangehörigen der Kinder ausfindig zu machen, meistens jedoch vergeblich. Ein ganzes Jahr lang gab es keine Post- und Reiseverbindung mit Deutschland.

43 Der kleine Wolfgang hatte gehört, wie die Berliner Erwachsenen nach den Luftangriffen immer sagten, »der Engländer« hätte die Bomben geworfen.

Einer der ersten Gäste aus dem Ausland war mein amerikanischer Freund Reverend Nevin Sayre, Sekretär des *Internationalen Versöhnungsbundes*. Er kam, unter dem Schutz der UNRRA[44], mit dem Flugzeug, um der Tschechoslowakei das Geschenk von amerikanischen Protestanten zu übergeben: Zuchtkälber. Rev. Sayre besuchte auch unsere Kinder in den Schlössern. Als sie hörten, er werde über Frankfurt zurückfliegen, glomm in ihnen ein Funken Hoffnung auf.

»Könnten Sie uns nicht Briefe an unsere Verwandten mitnehmen?«

Es war ein ganzes Paket. Wer schreiben konnte, versuchte sich an irgendeine bekannte Adresse zu erinnern, von der aus eine Verbindung mit nächsten Verwandten möglich gewesen wäre. Der alte Geistliche scherzte: »Als ›Cowboy‹ bin ich in die Tschechoslowakei gekommen und als ›Postman‹ kehre ich zurück.« Mit dem geschenkten Vieh rief er kaum so viel Freude hervor wie mit diesem Dienst.

Als dann im Frühjahr 1946 der Postverkehr mit Deutschland wieder aufgenommen wurde, begannen Briefe in den Schlössern einzutreffen. War das ein Jubel im ganzen Heim, wenn wieder einmal irgendein Glückspilz vom Aufenthaltsort der Seinen Kenntnis erhielt! Es folgte eine lange Wartezeit, bevor er einem Transport nach Deutschland zugeteilt werden konnte. Unsere letzten Schützlinge fuhren erst im Jahr 1947 weg; aber da waren bereits alle Heime, bis auf eines, aufgelöst. Das Oleschowitzer Schloss diente auch weiterhin als Heim für verlassene Kinder. Die amerikanischen Unitarier[45] ließen es mit großem Kostenaufwand renovieren.

---

44 UNRRA = engl. *United Nations Relief and Rehabilitation Administration*, Nothilfe- und Wiederaufbauverwaltung der Vereinten Nationen, wurde 1948 aufgelöst.

45 Religionsgemeinschaft freien Glaubens, hat vom Protestantismus abweichende theologische Lehren.

* * *

Nach Beendigung unserer Rettungsaktion für die jüdische und deutsche Jugend konnte ich mich wieder vollauf meinen tschechischen Kindern in Žižkov widmen. Das Büro des Militsch-Hauses aber erlebte noch lange den Nachhall der zwei Jahre dauernden Schloss-Ära. Täglich erhielten wir eine Menge Anfragen bezüglich deutscher Kinder, deren Spur sich 1945 in der Tschechoslowakei verloren hatte. Es waren hauptsächlich lange Verzeichnisse der Suchdienste in Deutschland. Die verzweifelten Mütter waren auf unsere Hilfe angewiesen, weil sich das tschechoslowakische Rote Kreuz lange Zeit hindurch lediglich mit der Suche tschechischer Kinder – namentlich derer aus Lidice[46] – befasste. So bearbeiteten wir die Anfragen selbst und gingen allen Spuren nach. Dank der Hilfe einiger opferwilliger Freunde gelang es, den Kontakt zwischen vielen Müttern und ihren verlorengegangenen Kindern herzustellen. Traurig war es, wenn man mitteilen musste, dass ein Kind verstorben war. Und das war, leider, bei Säuglingen und Kleinkindern beinahe die Regel.

Nicht einmal bei »unseren« Kindern gelang es immer, die Angehörigen ausfindig zu machen. Trotz intensiven Suchens blieben uns einige Dutzend kleinerer Kinder, die nicht wussten, wohin sie zurückkehren sollten. Häufig stand nicht einmal ihre Nationalität mit Sicherheit fest.

Bei Kriegsende sahen vier tschechische Geschwister mit eigenen Augen, wie eine rasende Menge in ihre Wohnung eindrang und Vater und Mutter angeblich wegen Zusammenarbeit mit den Nazis erschoss. Für diese Kinder und viele andere fanden wir geeignete Pflegeeltern.

46 Das Dorf Lidice wurde nach dem Attentat auf R. Heydrich 1942 von den Deutschen vollkommen zerstört, alle männlichen Einwohner exekutiert, Frauen und Kinder in KZs verschleppt, vergast oder von Deutschen unter anderem Namen zwangsadoptiert.

Am längsten blieb uns die kleinen Martha. Wir hatten sie aus dem Internierungslager in der Rais-Schule zu uns gebracht. Sie war damals vier Jahre alt. Sie erholte sich prächtig und wartete voller Sehnsucht auf ihre Mutter.

»Sie ist hinter einer weißen Tür verschwunden«, war die einzige Erklärung der Kleinen. Wir stellten fest, es war die Tür des deutschen Kinderspitals gewesen, in das sie kurz vor dem Zusammenbruch des Dritten Reiches wegen einer Ohrenoperation eingeliefert wurde. Für die kleine Martha kam nie die beglückende Nachricht, dass wir ihre Eltern gefunden hätten. Obwohl der vollständige Name Marthas, das einzige, woran sie sich erinnern konnte, schon lange in sämtlichen Verzeichnissen der Suchdienste in Deutschland stand. »Hast du mir Mutti noch nicht gefunden?«, fragte sie mich vorwurfsvoll bei jedem Besuch.

Die kleine Martha war anderthalb Jahre bei uns, als sie auf einmal ernstlich erkrankte. Sie konnte schon genug Tschechisch, um im tschechischen Krankenhaus untergebracht werden zu können. Als »Kind unbekannter Herkunft« hatte sie Anspruch darauf.

Als wir die Kleine besuchten, erkannten wir sie kaum, sie lag in Agonie. Die Ärzte machten keinerlei Hoffnung. Eine Lunge befand sich in Auflösung, die andere war auch schon angegriffen. Es war tatsächlich ein Wunder, dass die kleine Martha durchkam. Zur Ausheilung wurde sie in die Masaryk-Heime in Krtsch[47] gebracht; dort haben wir sie regelmäßig besucht. Und dort erhielt sie mit anderen Kindern zusammen den ersten Unterricht. Sie ging völlig in der tschechischen Umwelt auf.

Auch die »große Lehrerin« besuchte das Kind. Die kleine Martha begrüßte sie einmal freudig: »Bei mir war der Vati mit der Mutti!« Die große Lehrerin traute ihren Ohren nicht. »Also wurden deine Eltern doch gefunden?«

47 Krč, heute ein Stadtteil von Prag.

»Aber nein«, sprudelte die Kleine los, »doch der Onkel Vati und die Tante Mutti[48]! Ich hab' sie mir adoptiert.«

Von da ab sagte Martha nur noch Vati und Mutti zu uns; so, wie sie es von anderen Kindern hörte, die von ihren Eltern besucht wurden. Auch sie wollte endlich eine Mutter und einen Vater haben.

Bei einem unserer späteren Besuche durfte die kleine Martha zum ersten Mal mit uns in den Garten hinaus. Lustig erzählten und spielten wir miteinander. Hinter den niedrigen Sträuchern konnte man sich gut verstecken. Einmal war »Mutti« etwas länger nicht zu finden. Der Kleinen bemächtigte sich eine panische Angst. »Wo ist Mutti? Wo ist Mutti?«

Obwohl die Gesuchte sofort herbeilief, konnten wir das Kind lange nicht beruhigen. Es weinte krampfhaft und blieb verstört bis zum Ende des Besuchs. Ein Abbild dafür, wie vom Schmerz gezeichnet doch das Unterbewusstsein eines Kindes ist, das ein gewalttätiges Zerreißen der mütterlichen Bindung durchgemacht hat. Wie viele Kinder mussten ähnliche Tragödien erleben! Das liebevolle Milieu unserer Heime konnte zwar die Sehnsucht überwinden und ihnen die Lebensfreude wiedergeben – wie ärztliche Fürsorge die Lungen der kleinen Martha wiederherzustellen half. Allein, am Grund der Seele blieb eine empfindliche Narbe.

Nach einiger Zeit konnte Martha entlassen werden. Damit sie auch fernerhin die Wohltat erhöhter Zuteilungen und die Landluft genießen könne, gaben wir sie in unser Erholungsheim in Mýto. Bei einem unserer Besuche – sie war schon an die neun Jahre alt – fragten wir sie prüfend, ob wir weiterhin nach ihren wahren Eltern forschen sollten.

»Aber nein«, sagte sie, »ich bleibe schon die Eurige.«

Da traf wie ein Blitz aus heiterem Himmel die Nachricht ein: Martha wird von ihren Eltern gesucht; Flüchtlinge aus Schlesien,

48 Die Kinder durften Přemysl Pitter »Onkel« und Olga Fierz »Tante« nennen.

die jetzt in der russischen Zone Deutschlands lebten! Diese gute Nachricht musste man ihr schonend beibringen, weil sich Martha in Böhmen schon zu Hause fühlte. Ihre Muttersprache hatte sie vollkommen vergessen. Als wir sie später anhielten, Deutsch zu lernen, zeigte sich erstaunlicherweise, dass sie keine Begabung dafür besaß.

Die Nachrichten aus Sachsen waren schlecht. Es herrschte Mangel an allem, besonders bei den Flüchtlingen. Die Befürchtung lag nahe, Martha würde die Gesundheit einbüßen, die sie so schwer errungen hatte. Es war nicht leicht, die Eltern zu überreden, Martha noch für einige Zeit – solange sich die Verhältnisse bei ihnen nicht gebessert hätten – bei uns zu belassen.

Als »Mutti« und ich die Tschechoslowakei verlassen mussten, fiel unserer Martha der Abschied nicht mehr so schwer. Nach sieben Jahren kehrte sie als glückliches Mädchen zu ihren richtigen Eltern zurück. Heute ist sie selbst Mutter von vier Kindern.

1948–1951
Im Kommunismus

Unter dem roten Stern

Trotz der intensiven erzieherischen Tätigkeit bemerkten wir, wie sich die gesamte Situation verschärfte. Im Jahre 1947 folgte eine politische Krise der anderen. Die Kommunisten bemächtigten sich nach und nach aller wichtigen Positionen und drangen in alle Institutionen ein. Durch ihre aggressive materialistische Ideologie zwangen sie auch die geistigen Kräfte zu erhöhter Aktivität. Tomáš Garrigue Masaryk wurde erneut zum Leitwort und Bindeglied jener, die roher Massenhysterie und sittlicher Zügellosigkeit die Stirn boten. In einem Vortragszyklus über Masaryk sprach auch der Prager Erzbischof Beran. Mit Achtung und Verständnis würdigte er diesen Abtrünnigen der katholischen Kirche als eine tief religiöse Persönlichkeit.

Die bedeutungsvollste Manifestation in dieser schweren Zwischenzeit fand am 2. Februar 1948 auf der Slawischen Insel[49] in Prag statt. Auf Anregung Professor Bednářs von der evangelischen Hus-Fakultät und des Erzbischofs Beran setzten sich die Repräsentanten aller christlichen Kirchen und religiösen Gemeinschaften

49 Slovanský ostrov, Insel in der Moldau im Innenstadtbereich von Prag.

als gleichberechtigte Partner an einen Tisch. Auch der jüdische Oberrabbiner befand sich unter den Vertretern der kulturellen Institutionen, der Regierung und des Parlaments. Mit stürmischem Applaus wurde Jan Masaryk empfangen, Sohn des großen, dem ganzen Volke teuren Vaters und lebendiger Repräsentant seiner humanitären Ideen. Im Saal, auf der ganzen Insel und am Moldau-Kai, wohin die Kundgebung durch Lautsprecher übertragen wurde, drängten sich die Menschen. Die Ansprachen waren geprägt vom Geiste brüderlicher Verständigung. Zum Abschluss verlas Erzbischof Beran das gemeinsame Manifest.

Es begnügte sich nicht mit der Verurteilung des Krieges, sondern verdammte die Aufteilung in feindliche Lager auch dann, wenn die Waffen schweigen. Das Manifest forderte in erster Linie das eigene Volk auf, ein Beispiel für die friedliche Lösung weltumspannender Probleme zu geben. Prag wurde damit Schauplatz der Begebenheit, dass sich zum ersten Mal in der Geschichte Gläubige aller Schattierungen zu einer Demonstration für Frieden und Religionsfreiheit zusammenfanden. Dieses Prag, in dem – auch zum ersten Mal in der Geschichte – das Licht der christlichen Reformation aufflammte, und das Zeuge vieler erbitterter Religionskämpfe war, dieses Prag entbrannte nach sechshundert Jahren in neuer Begeisterung, die getrennte Brüder zusammengeführt hat.

Demonstration und Manifest kamen leider Gottes zu spät. Es gelang nicht mehr, das aufzuhalten, was die Kommunisten viele Jahre planmäßig vorbereitet hatten. Im Frühjahr 1948 sollten allgemeine Parlaments- und Gemeindewahlen stattfinden. Es zeigte sich, dass die Hoffnung der Kommunisten, eine Majorität von mehr als 50 Prozent zu erhalten, nicht in Erfüllung gehen, im Gegenteil, dass die Zahl ihrer Wähler wesentlich geringer sein würde als im Jahre 1946. Damals hatten sie 38 Prozent erhalten; davon waren kaum die Hälfte Parteimitglieder. Einen höheren Prozentsatz haben die tschechoslowakischen Kommunisten in freien und geheimen Wahlen nie erreicht.

Bisher beherrschten sie die wichtigsten Ministerien, Ausschüsse und Gewerkschaften. Das demokratische Lager war uneinig, Präsident Beneš schwerkrank und dem Terror Moskaus ausgeliefert. Mit Hilfe bewaffneter Werksmilizen gelang den Kommunisten am 25. Februar 1948 der Putsch, der sie zu uneingeschränkten Herren im Staate gemacht hat. Einige zehntausend Antikommunisten konnten ihrem Zorn durch Flucht in den Westen entgehen; viele kamen dabei ums Leben, die anderen »Klassenfeinde« waren entsetzlichen Verfolgungen ausgeliefert.

Das neue Regime verstaatlichte sämtliche Sozial- und Erziehungsanstalten. Das Militsch-Haus übernahm der Zentral-Nationalausschuss, doch konnten wir weiterhin ungestört arbeiten – bis auf die Einschränkung, dass mir im März 1950 der Sekretär für kirchliche Angelegenheiten jede Ansprache verbot.

Der erste Druck auf die erzieherische Tätigkeit kam indirekt. Man nötigte uns, so viele Kinder aufzunehmen, dass es beinahe unmöglich wurde, auf sie einen erzieherischen Einfluss auszuüben. Das war umso schwieriger, als uns die organisatorische Kraft und ausgezeichnete Erzieherin Olga Fierz fehlte. Sie fuhr zum Begräbnis ihrer Schwester in die Schweiz, durfte jedoch nicht mehr zurückkehren; trotz Interventionen bei höchsten Stellen und Hinweisen darauf, dass Olga Fierz sechzehn Jahre hindurch unsere Arbeiterjugend selbstlos betreut hatte. Sämtliche Mitarbeiter bemühten sich mit allen Kräften, das frühere Niveau zu erhalten; trotz alledem gingen Traulichkeit und anregende Atmosphäre verloren. Die Quantität zerstörte die Qualität – ein kleines Abbild dessen, was im Großen geschah.

Im Herbst 1950 verstärkte sich die Einmischung der Behörden. Ich erhielt eine Menge Anordnungen für die Leitung unseres »Kinderhortes«, wie das Militsch-Haus jetzt amtlich hieß. Ich musste unzählige Fragebogen ausfüllen, Berichte einreichen, Statistiken führen – kurzum: amtieren.

Ich sagte mir: »Du hast unter der nationalsozialistischen Diktatur ausgehalten, du wirst auch unter der kommunistischen aushalten.«

Ich wurde zur politischen Überprüfung vorgeladen. »Erzähl' uns, Genosse, alles über deine bisherige Tätigkeit.«

Ich schilderte kurz mein Wirken in der Jugendfürsorge nach dem Ersten Weltkrieg, erwähnte die geselligen Veranstaltungen für Kinder von der Straße und wie aus alldem das Militsch-Haus entstand.

Dann wollte der allmächtige Sekretär wissen, in welchen Organisationen ich tätig war.

»In der Liga für Menschenrechte, in der Bewegung für christlichen Kommunismus ...«

»In welche Massenorganisationen bist du jetzt eingeschaltet?«, unterbrach er mich.

»Meine Arbeit mit den Kindern beansprucht alle meine Zeit und Kräfte.«

»Wie kommt es, dass du früher bei der gleichen Arbeit öffentlich tätig sein konntest und jetzt nicht?«

»Mehr Kinder bei weniger Mitarbeitern.«

Der dicke Sekretär fing an, über die Aufgaben der Kinderhorte im neuen volksdemokratischen Regime zu dozieren, über die Notwendigkeit meiner Zusammenarbeit mit Jugendorganisationen, Betrieben und so weiter.

»Ihr lebt dort als isolierte Gesellschaft«, warf er mir vor. »Die Zeit der karitativen und humanitären Vereine ist vorbei. Man muss sich den sozialistischen Massenorganisationen anschließen und für die Kollektivierung der Gesellschaft arbeiten. Du machst es schlecht, Genosse. In welcher Massenorganisation bist du überhaupt Mitglied?«

»Ich bin nicht Mitglied der kommunistischen Partei, weil ...«

»Danach frage ich dich nicht!«

»Was also wollt ihr von mir, konkret?«

»Das musst du selbst wissen und uns zeigen, wie du den neuen Geist begriffen und wie du dich eingeschaltet hast. Verstanden?«

»Ja.«

»Dann kannst du gehen.«

Meine Vernehmung dauerte am längsten. Einer jungen Mitarbeiterin – sie war unser Zögling gewesen – sagte er nachher: »Mit diesen Alten ist nichts anzufangen, das sind Reaktionäre. An euch Jungen wird es liegen!«

Wie gut ihnen diese Jungen geraten sind, das hat der Prager Frühling anno 1968 gezeigt.

Dann versuchten sie, mich ins Grenzland hinaus zu locken, auf den gut bezahlten Posten des Direktors einer Erziehungsanstalt. Ich lehnte jedoch ab.

Wenn ich nicht meine Kinder, meine Freunde und mein Werk aufgeben wollte, dann musste ich mich der Gewerkschaft anschließen, Versammlungen und politische Schulungen besuchen. Dort erst wurden mir die Augen geöffnet. Ich erkannte, was eine politische Linie bedeutet, was politische Strategie.

Die Schulinspektorin, meine neue Vorgesetzte, versuchte dauernd, mich von der Richtigkeit der marxistischen Ideologie zu überzeugen. Sie besuchte mich häufig und hatte immer wieder lange Debatten mit mir. Einmal meinte sie: »Wieso können Sie, ein intelligenter Mensch, an Gott glauben?«

Ich wies die Inspektorin auf das Bild Masaryks hin: »Dieser Herr war viel gebildeter als ich. Und wissen Sie, was er einmal erklärt hat? Es habe in seinem Leben keinen Augenblick gegeben, indem er nicht an Gott geglaubt hätte.«

Sie fragte mich auch, warum ich nicht Mitglied der kommunistischen Partei wäre, da ich doch dreißig Jahre hindurch für Arbeiterkinder und Arbeiterjugend tätig sei. Ich nannte zwei Gründe: In erster Linie akzeptiere ich die materialistische Philosophie nicht – zweitens bin ich mit den gewalttätigen Methoden, derer sich die Partei bedient, nicht einverstanden. Ich erläuterte: »Von den Grundsätzen und Zielen des Kommunismus sind mir manche sympathisch; doch man kann sie nicht auf Wegen erreichen, die dem Geist des wahren Kommunismus zuwiderlaufen.«

»Das sind vorübergehende Erscheinungen der Revolution«, behauptete die Inspektorin und fügte hinzu: »Ich verstehe jedoch, dass Sie wegen Ihrer idealistischen Ideologie nicht Parteimitglied sein können. Das muss aber kein Hindernis sein für eine praktische Zusammenarbeit. Mir ist ein fähiger und ehrlicher Nichtkommunist lieber als ein unfähiger und unehrlicher Parteimensch.«

Bald aber wurde klar, dass sich Differenzen in Prinzipien und Geist selbst durch die beste Praxis nicht überwinden lassen, weil Praxis die Realisierung von Prinzipien und Geist ist.

Die Inspektorin bestimmte mich zum Vorsitzenden des Bezirks-Erzieherkollegiums.

Derartige Ernennungen waren eigentlich Befehle; eine Ablehnung kam Sabotage gleich. Ich bemühte mich daher, zusammenzuarbeiten; im Interesse der Kinder, um sie vor unerwünschtem Einfluss zu bewahren.

Vor den Sitzungen erhielt ich fertige Resolutionen. Meine Aufgabe bestand darin, die Anwesenden davon zu überzeugen, dass sie die Resolutionen einmütig annehmen sollten. Soweit es sich um organisatorische oder technische Angelegenheiten handelte, bereitete mir das keine Schwierigkeiten. Schlimmer wurde es, wenn es um Fragen von moralischer Tragweite ging. Das hat mich in schwere innere Konflikte gestürzt und mir schlaflose Nächte bereitet.

Ich sollte fernerhin vertrauliche Berichte über das persönliche Leben und die Ansichten meiner Mitarbeiter einreichen. Ich wusste, auch sie hatten ähnliche Aufforderungen erhalten, die mich betrafen. Natürlich wichen wir in unseren Berichten allen heiklen Punkten aus. Aber wie lange würden die Kontrollorgane dulden, dass wir uns an der Zuträgerei nicht beteiligten?

Unter was für einem moralischen Terror man gelebt hat, zeigt folgende Begebenheit. Im Frühjahr 1950 stand eine Gruppe Menschen vor Gericht, angeklagt wegen antistaatlicher Tätigkeit. Unter ihnen befand sich die edelgesinnte Abgeordnete Milada Horáková. Beim Gericht trafen massenweise Aufforderungen ein, Milada Horáková zum Tode zu verurteilen. In dieser Zeit kam eine unserer freiwilligen Mitarbeiterinnen zu mir, eine Postbeamtin.

»In der Früh, vor Dienstantritt«, erzählte sie, »wurde jedem Angestellten eine Liste zur Unterschrift vorgelegt. Dauernd wird irgendetwas unterschrieben, und so unterschrieb auch ich ganz mechanisch. Nur so nebenbei fragte ich, worum es sich handle. ›Ach, um diese Milada Horáková‹, lautete die gleichgültige Antwort. Milada Horáková, überlegte ich. Ist das nicht eine von jenen, die gerade vor Gericht stehen? Ich wagte nicht, mich zu erkundigen, was mir zur Unterschrift vorgelegt wurde, um nicht in den Verdacht politischer Unzuverlässigkeit zu geraten. Das reichte aus für eine augenblickliche Versetzung auf den schlimmsten Arbeitsplatz – zum mindesten. Jetzt habe ich erfahren, dass ich ein Gesuch um Hinrichtung dieser Frau unterschrieb. Es ist mir furchtbar zu Mute. Ich bin verzweifelt. Und selbst, wenn ich gewusst hätte, was ich unterschreibe – den Mut, abzulehnen, hätte ich nicht gehabt.«

Sie weinte bitter. Ich weiß, das Bewusstsein der unwillkürlichen Mitschuld an der Hinrichtung hat sie nie verlassen. Wie viele solcher Menschen hat es gegeben …

* * *

Wir trafen die Vorbereitungen zur traditionellen Weihnachtsfeier. Der reich geschmückte Baum fiel vom Podium herunter. Es war wie ein unseliges Vorzeichen: Niemals mehr sollte ein Weihnachtsbaum im Militsch-Haus die frohe Botschaft von der Geburt Christi verkünden.

Der Baum wurde wieder festgemacht, und wir haben die letzte, festlichste Weihnachtsfeier erlebt, die jemals bei uns stattfand. Es beteiligten sich an die zweihundertfünfzig Kinder und – als hätten sie geahnt, dass dies unsere letzte Zusammenkunft war – viele ehemalige Schützlinge. Einige hatten schon ihre ersten Kinder unter den ABC-Schützen in den vordersten Reihen. Andächtig lauschten sie meiner Weihnachtserzählung, und als wir die Weihnachtslieder sangen, mischten sich ihre Stimmen unter jene der Kinder. Die Älteren blieben dann noch lange in ernsten Gesprächen bei mir. Ich erkannte, der vor Jahren in ihre Herzen gelegte Same war nicht erstickt, er war aufgegangen.

Ein schon erwachsenes Mädchen, das sich diesmal nicht beteiligen konnte, schrieb an Onkel Fedor[50]:

> Zum ersten Mal nach sechzehn Jahren habe ich die Geburt Christi nicht mit Ihnen gefeiert, und deshalb vielleicht kam mir die heurige Weihnacht nicht als Weihnachten vor. Wenn ich sie als Feiertage ansehen soll, muss ich wissen, warum. Ich wundere mich, warum die Welt Weihnachten feiert, wenn der Name »Jesus« ein Fremdwort für einen großen Teil der Menschheit ist. Ich bin ein großes Kind, lieber Onkel, und werde es wahrscheinlich mein Leben lang bleiben. Ich habe das Gefühl, dass ich allein mit solch einem Herzen und so einer Seele dem Leben das Schönste bescheren und vom Leben zurückerhalten kann. Ich möchte alle Menschen auf der Welt liebhaben. Es tut mir leid, dass ihnen Liebhaben nicht der Mühe wert ist, und ich nichts daran ändern kann, dass sie einander so hassen. Euch allen im Militsch-Haus wünsche ich, Euer stiller Kampf für den Frieden möge verstanden, unterstützt werden, und Eure Arbeit möge Euch wie bisher gelingen.

Ich wurde aufgefordert, in der Elternversammlung über jene Institutionen für Kinder und Jugend zu sprechen, die in Städten und auf dem Lande errichtet wurden, damit die Mütter Arbeitsstellen annehmen konnten. Ich hatte jedoch reichlich Gelegenheit gehabt, mich davon zu überzeugen, dass die Eingliederung von Müttern in den Arbeitsprozess verhängnisvolle Folgen für das Familienleben und die allgemeine Moral nach sich zog. Deshalb zitierte ich zum Abschluss meiner Rede den russischen kommunistischen Pädagogen Makarenko[51]. Er sagte, Grundlage der sozialistischen Gesellschaft sei die wohlgeordnete Familie. Ich fügte hinzu: »Daher kann

50 Ferdinand Krch, Pädagoge und Redakteur der Jugendzeitschriften des Roten Kreuzes, Mitarbeiter im Militsch-Haus.

51 Anton Semjonowitsch Makarenko (1888–1939), sowjetischer Pädagoge und Schriftsteller.

selbst die beste Anstalt nicht unser Ideal sein, sondern die Familie, in der sich die Mutter ihren Kindern voll zu widmen vermag.«

Der Applaus der Eltern wollte kein Ende nehmen. Er war eine klare Demonstration, die ich nicht erwartet hatte. Sie ließ mich erkennen, wie allgemein die Abneigung gegen die Tendenz der Regierung war, Mütter in den Arbeitsprozess einzugliedern. Ich fühlte auch sofort, dass der Vortrag mein Schwanengesang war. Der Ortsausschuss der kommunistischen Partei forderte meine sofortige Entfernung mit der Begründung, ich würde gegen die volksdemokratische Ordnung aufwiegeln. Erzieher sollten nur politisch und ideologisch absolut zuverlässige Personen sein.

Wegen der allgemeinen Sympathie, die man dem Militsch-Haus entgegenbrachte, war es für den Distriktausschuss nicht leicht, die Forderung zu erfüllen. Zu Hilfe kamen ihm einige Denunziationen, an denen es unter dem neuen Regime leider nicht mangelte.

Zwei Polizeibeamte führten in meiner Wohnung eine Hausdurchsuchung durch und beschlagnahmten einen Haufen ausländischer Korrespondenz. Bald darauf kam der Sekretär der Kulturkommission mit dieser Anordnung: Ich müsse das Militsch-Haus sofort verlassen, in ein Zimmer, das für mich schon vorbereitet war, in Untermiete übersiedeln, und den Kinderhort dürfe ich nicht mehr betreten. Draußen stand schon ein Möbelwagen. Als der Spediteur sah, dass ich nichts gepackt hatte, lehnte er meinen Übersiedlungstransport ab. Ich erhielt drei Tage Frist zum Packen.

Die Leitung des Militsch-Hauses übernahm gleich eine neue Direktorin mit einer Garde »verlässlicher Erzieherinnen«. Ich musste den Kindern meine Nachfolgerin vorstellen und sagte ihnen, ich ginge aus gesundheitlichen Gründen in Urlaub. Zum Abschied sangen wir Nerudas »Erhebe schon das Haupt, mein Volk« und andere Lieder, die uns in der Zeit der deutschen Okkupation so aufgemuntert hatten. In meiner Schlussansprache fasste ich zusammen, was ich im Laufe der Jahre den Kindern zu geben bemüht war.

Kurz darauf fand eine neuerliche Durchsuchung statt, diesmal im ganzen Haus, unter Schimpfworten und Drohungen des Polizeichefs, in Gegenwart der Kinder. Zwei ältere Mitarbeiterinnen brachen unter dem Hagel der Beleidigungen und Verleumdungen zusammen – sie haben sich davon niemals erholt. Die jüngeren ertrugen heldenhaft alle Gemeinheiten; die Treue dieser Menschen wurde nur noch stärker. Man hat sie auf andere Kinderhorte verteilt.

Als ich mich bei Nacht ins Militsch-Haus schlich, um vom wichtigen Schriftmaterial zu retten, was möglich war, fand ich auf dem Fußboden Haufen von Akten, die man einfach aus den Schubladen und Regalen hinausgeworfen hatte.

Die Reaktion der Kinder auf die Veränderungen im Militsch-Haus war vielsagend: Mehr als die Hälfte hörte auf, das Haus zu besuchen; die älteren erschienen überhaupt nicht mehr.

Ich erhielt eine Vorladung zum Verhör bei der Polizei. Man beschuldigte mich der Spionage und Aufwiegelung gegen das volksdemokratische Regime. Anfangs waren die beiden Ermittlungsbeamten schroff. Während ich unsere Tätigkeit schilderte, wurden jedoch ihre Fragen freundlicher und schließlich sprachen sie mich mit »Herr Direktor« an, obwohl ich's nicht mehr war.

»Komme ich vor Gericht?«, fragte ich. Aus der verlegenen Antwort hörte ich heraus, dass sich mein Fall nicht für die Öffentlichkeit eignete, und dass ich wahrscheinlich direkt ins Zwangsarbeiterlager der Urangruben von Joachimsthal[52] geschickt werden würde. Es war mir klar, was mich erwartete.

In dem Haus, in das sie mich übersiedelt hatten, wurde ich sorgfältig bewacht. Dank eines ärztlichen Zeugnisses konnte ich mich für ein paar Wochen in die Stille der Natur zurückziehen.

Auch das Erholungsheim in Mýto mussten wir abgeben. Zum Bau des *Útěchova*[53], Heim für ledige und erholungsbedürftige Mütter, kam es nicht mehr. Wir hatten dafür schon ein Grundstück gekauft.

52 Heute Jachimov.

53 So sollte das Heim heißen, deutsch: »Erquickung«.

Im August 1951 wurde ich vor den Staatsanwalt geladen. Ich wusste: Von dem komme ich nicht mehr zurück. Immer noch wehrte ich mich gegen den Gedanken an Flucht. Auch dort in den Gruben würde es doch Menschen geben, die seelischen Halt brauchten, denen ich helfen könnte. Das allerdings war eine Illusion, von der mich später die Augenzeugenberichte geflohener Häftlinge geheilt haben. Die Bedingungen im Lager waren so furchtbar und die Gefangenen derart bewacht, dass an irgendeine seelsorgerische Tätigkeit gar nicht zu denken war.

Schließlich entschied mein Gesundheitszustand. Der Weg in die Zwangsarbeit wäre einer Reise in den Tod gleichgekommen. Und so habe ich die Flucht gewählt. In der Hoffnung, auch im Ausland für mein Volk arbeiten zu können.

Die Flucht

DER EISERNE VORHANG WAR SCHON so gründlich hergestellt und bewacht, dass eine Flucht nach Westdeutschland oder Österreich gar nicht in Frage kam. Es waren mir Freunde in Ostdeutschland bekannt, die mir behilflich sein konnten. Doch wie ihnen schnell eine Nachricht zukommen lassen? Ich ging zu einem bekannten Arzt ins Krankenhaus. Er sagte, für eine gründliche Untersuchung sei es notwendig, dass ich ein paar Tage da bliebe. Gerade das hatte ich mir gewünscht! Ich schickte dem Staatsanwalt eine Bestätigung über meinen Aufenthalt im Krankenhaus; dazu einen Brief, ich würde mich bei ihm melden, sobald ich könne.

Nun erwies sich, wie gut es war, dass man Olga Fierz die Rückkehr nach Prag nicht gestattet hatte. Es genügte eine nur ihr verständliche Nachricht, damit sie sofort von der anderen Seite der Grenze her meine Flucht vorbereiten konnte. Wiederum ein Beweis, wie das, was wir als Unglück betrachten, im schicksalhaften Geschehen oft zum glückbringenden Faktor wird. Vorläufig also ruhte ich mich im Spital, in einem Zimmer mit Schwerkranken, aus. Mein Freund Doktor F. widmete jedem große Sorgfalt und erfreute sich allgemeiner Beliebtheit. Ich habe ihn schon als kleinen Jungen gekannt. Seine Eltern, mit mir befreundet, starben in Auschwitz; er selbst kam wie durch ein Wunder davon. Doktor F. war eifriger Kommunist geworden und bemühte sich, auch mich zu seinem Glauben zu bekehren. Er gehörte zu jenen edelgesinnten Idealisten, die ihr eigenes Sehnen blindlings in die Pläne politischer Rabauken projizierten. Selbstverständlich verriet ich ihm mein Vorhaben nicht, um ihn nicht innerlich und äußerlich in Bedrängnis zu bringen.

Endlich traf die Nachricht ein, meine Flucht sei für Sonntag, den 19. August 1951 im Lausitzer Gebirge festgesetzt. Sie sollte über den Gipfel des »Hochwalds« führen, über den die Staatsgrenze verläuft. Dort würde man mich um die Mittagszeit erwarten. Ich erhielt jedoch die Nachricht verspätet und versuchte daher – die Freunde in Deutschland hatte ich davon verständigt –, eine Woche danach zu fliehen.

Im Krankenhaus erbat ich mir Urlaub und übernachtete zu Hause. Frühmorgens am folgenden Sonntag verließ ich die Wohnung: Mit einem Blick nahm ich Abschied von all den Gegenständen, von denen mich einige seit meiner Jugend begleitet hatten, vor allem der Bücherschrank. Die alte Wanduhr, deren Zeiger sich immerzu auf der Zwölf überdeckten, zeigte jetzt zwölf Uhr und fünf Minuten. War das ein Omen? Ich nahm nur einen Brotsack mit den notwendigsten Sachen mit und bat eine meiner Mitarbeiterinnen, sie möge mich bis an die Grenze begleiten. Wir sollten wie einfache Ausflügler aussehen.

Ich kannte die Gegend und wusste, wo Grenzwachen patrouillierten. Aber das nützte mir nichts.

»Halt! Geben Sie Ihre Ausweise her und zeigen Sie, was Sie in den Brotbeuteln haben!«

Der Ausweis meiner Begleiterin interessierte den Wachtmeister besonders.

»Ah – die Frau ist eine geborene Günther! Da möchten Sie sich wohl gerne mit Ihren ausgesiedelten Verwandten treffen, nicht wahr? Wissen Sie, dass das verboten ist?«

Wir schwiegen ergeben.

»Die Ausweise werden Sie auf dem Grenzposten in Petrowitz erhalten.«

Es gelang mir, den Wachtmeister zu erweichen. Er gab uns die Legitimationen wieder, befahl jedoch: »Und jetzt gehen Sie dorthin, woher Sie gekommen sind. Und wehe Ihnen, wenn wir Sie hier noch einmal erwischen!«

Wir gingen den Pfad zurück, aber nicht weit. Sobald der Wachtmeister uns aus den Augen verloren hatte, schlugen wir bergauf einen anderen Pfad ein und waren bald am Ort der Zusammenkunft. Ich bemerkte auf der sächsischen Seite eine Herberge, um sie herum Touristen und *Vopos* – Volkspolizisten. In diesem Augenblick trat eine Frau zu mir und fragte mich laut die vereinbarte Parole: »Wie spät ist es?« Dann flüsterte sie: »Folgen Sie mir!«

Ich verabschiedete mich mit einem Blick von meiner tapferen Begleiterin und ging über Stock und Stein hinter meinem neuen Engel her. Sie kannte sich hier gut aus, stammte aus der Gegend. Auf Grenzwachen stießen wir nicht, dank der Umsicht meiner Führerin. »Am vergangenen Sonntag wären wir nicht so durchgekommen!«, erzählte sie. »Da hat es hier nur so gewimmelt vor Polizisten in Uniform und auch in Zivil. Sogar Hunde führten sie mit sich. Es gab Alarm. Vielleicht waren sie hinter irgendwelchen Schmugglern oder sonst was her. Nicht ein einziger Fuß kam ohne Kontrolle durch. Wir haben auf Sie gewartet und dabei gebetet, Sie mögen nicht kommen.«

Ich war nicht gekommen. Wieder ein Zufall?

Wir steuerten auf ein Bauernhaus zu. Ein zweijähriges Mädchen hieß mich mit einem Blumenstrauß willkommen – es machte einen entzückenden Knicks und flüsterte: »Onkel, Blumen!«

Doch es war nicht alles in Ordnung. Den Freunden war es nicht gelungen, für mich einen Ausweis zu beschaffen. Sie hatten zwar einen Mann gewonnen, der bereit war, seine Kennkarte zu verkaufen. Doch als die Freunde sie holen wollten, wurde ihnen gesagt, der Mann sei verschwunden und werde wegen Einbruchs verfolgt. Das wäre eine schöne Überraschung gewesen, wenn sie mich als den gesuchten Einbrecher ertappt hätten!

Aus zeitlichen Gründen war es unmöglich, eine andere Kennkarte aufzutreiben. Ich musste die Reise nach Westberlin ohne Ausweis versuchen.

Der erste Zug fuhr in der Früh, noch bei Dunkelheit. Der kleine Bahnhof der Endstation im Grenzgebiet lag in Finsternis getaucht. Die Fahrkarte hatte mir die umsichtige Führerin schon im Voraus besorgt. Ich stieg in den unbeleuchteten Zug. Kaum hatte ich mich in eine Ecke gekauert, strahlten die Lampen auf, Polizisten stellen sich vor den Zug und kontrollierten den Ausweis eines jeden, der einstieg. Und das geschah auf jeder Station. Ich wartete darauf, dass sie auch in den Waggon kommen und sagen würden: »Ausweise bitte!« Ich fuhr zusammen, als tatsächlich drei Vopos eintraten und sich direkt vor mich hinstellten. Wann werden sie mit der Kontrolle anfangen …?

Sie fingen nicht an. Offensichtlich waren sie nicht im Dienst. Aber welche Nervenanspannung!

In Leipzig fand ich einen behaglichen Zufluchtsort. Die Gastgeberin spannte alle ihre Freunde in die Suche nach einer geeigneten Kennkarte für mich ein. Die Kontrollen nach Westberlin waren soeben verschärft worden – ohne Ausweis hinzugelangen, war nicht mehr möglich. Die Hoffnung wurde jeden Tag geringer. Da rief, kaum, dass sie mich erblickte, eine Bekannte aus: »Ganz unser Doktor! Auch sein Alter hat er! Der Doktor ist ein guter Mensch – aber ich weiß nicht, ob er so viel zu riskieren bereit sein wird. Er hat vier Kinder.«

Der Doktor antwortete, ohne Zustimmung seiner Frau könne er nichts versprechen; wir sollten den nächsten Tagen kommen. Als die Frau Doktor von meiner Gastgeberin erfuhr, wer ich war und worum es ging, sagte sie zu ihrem Mann: »Wenn er unsere deutschen Kinder gerettet hat, müssen wir jetzt ihn retten.« So übernahm ich die Kennkarte des Arztes. Auf der Fotografie sahen wir einander tatsächlich ähnlich.

Die Abreise wurde auf den Sonntagabend festgesetzt. Da war der Zug meistens überfüllt und daher zu hoffen, man würde nur flüchtig kontrollieren.

Aus der Zeitung erfuhr ich, dass Sonntag früh mein alter Freund in der Hauptkirche predigte. Jahre hatten wir uns nicht geschrieben und nichts voneinander gehört. Der Freund ahnte nicht, dass ich zugegen war. Er stieg auf die Kanzel und begann über die Worte aus der Apostelgeschichte zu predigen: »Und Paulus erschien ein Gesicht in der Nacht. Das war ein Mann aus Mazedonien, der stand und bat ihn und sprach: Komm herüber nach Mazedonien und hilf uns!«

Der Inhalt der ganzen Predigt gipfelte in einer einzigen Aufforderung: »Komm herüber und hilf uns!« Mir war, als habe jedes Wort mir allein gegolten. Als ich nach dem Gottesdienst meinen

Freund umarmte, sagte er ergriffen: »Das ist eigenartig: Ich musste heute dauernd an dich denken.«

Der Zug war wirklich voll. Ich stand in der Mitte des Waggons im Gang, hatte nur einen kleinen Koffer. Kurz vor der Abfahrt stiegen Polizisten in Uniform und Zivil von beiden Seiten ein. Sie fragten jeden aus, warum und zu wem er fahre, sie prüften sorgfältig alle Ausweise, leuchteten jedem Reisenden ins Gesicht und verglichen mit der Fotografie. Ich erstarrte vor Entsetzen, denn jetzt ging es nicht mehr um mich, sondern um den Doktor und seine Familie. Er war auch Arzt bei der Bahn und eine bekannte Persönlichkeit in Leipzig. Es wäre ein Wunder gewesen, wenn man nicht bemerkt hätte, dass ein Fremder seine Kennkarte benützte. Schon, dass meine Aussprache nicht sächsisch klang, musste mich verraten. Wie konnte ich bloß seinen Ausweis annehmen?

Der Polizeibeamte, begleitet vom Schaffner, kontrollierte bereits die Kennkarte meines Nachbarn, erkundigte sich nach dem Zweck seiner Reise nach Berlin und untersuchte gründlich seinen Koffer. Dann trat der Polizeibeamte zu mir. Ich reichte ihm die Kennkarte. Kaum hatte er hineingeschaut, gab er sie mir auch schon mit den Worten zurück: »Danke. Nur das kleine Gepäck?« Und gleich darauf begann der Polizist mit der Vernehmung meines Nachbarn auf der anderen Seite.

Mich überkam das gleiche Gefühl wie damals, als der Gestapo-Beamte nach dem Verhör im Petschek-Palais sagte: »Sie können gehen!«

Viele werden meinen: »Wieder ein glücklicher Zufall!« Doch ich musste damals an Masaryk denken, der einmal schrieb: »Ich glaube nicht an den Zufall. Ich muss an die Vorsehung glauben, die die Entwicklung der Welt, der Menschheit und eines jeden von uns lenkt.«

Am 2. September um Mitternacht kam ich glücklich in Westberlin an. Meine erste Sorge war, dem Doktor nach Leipzig ein Telegramm zu schicken. Das konnte aber nur in Ostberlin aufgegeben werden. Meine neue Gastgeberin erbot sich, das Telegramm gleich in der Frühe abzuschicken.

Wie ich später erfuhr, kam das Telegramm wegen eines Fehlers in der Adresse erst nach Mittag an. Da keine Nachricht eintraf, schlossen sie, die Sache wäre schlecht ausgegangen. Der Doktor packte in aller Eile das Notwendigste zusammen und ging fort zu Bekannten, bereit zur Flucht in den Westen. Seine Frau hielt es für notwendig, in die Angelegenheit ihren siebzehnjährigen Hans einzuweihen, der jetzt als ältester Sohn für die Familie mitverantwortlich war. Die Mutter erwartete seinen Vorwurf nicht ohne Befürchtung, und was sagte der gute Hans? »Das hat der Vater prima gemacht!« Die Frau erzählte das mit berechtigtem Stolz. »Diese Gesinnung meines Sohnes war für mich eine freudige Überraschung. Dafür haben sich die Stunden der Belastung und Angst gelohnt.«

Die langwierigen Vernehmungen bei den alliierten und deutschen Behörden waren eine große Geduldsprobe für jeden Flüchtling. Ich musste nicht ins Lager. Berliner Freunde nahmen mich auf. Sie gossen Balsam auf meine wunde Seele; etwa durch Beethovens »Missa solemnis«, in die sie mich führten. Der Berliner Senat gewährte mir politisches Asyl in Rekordzeit, auf geradezu feierliche Weise.

Den Staatsanwalt in Prag habe ich nicht vergessen. Ich schrieb ihm: *Ich versprach Ihnen, wenn ich das Krankenhaus verlassen würde, mich bei Ihnen zu melden. Ich kann es nicht persönlich tun und schreibe Ihnen deshalb.* Ich schilderte ihm die Umstände und Gründe, die mich zur Flucht veranlasst hatten, und schloss: *Ich hoffe, dass Sie meine Entscheidung vom menschlichen Standpunkt aus begreifen.*

Einige unserer »Schloss-Kinder«, die nach Berlin zurückgekehrt waren, erfreuten mich mit ihren Besuchen. Wolfi befand sich bei seiner kranken Mutter in Ostberlin, und dorthin durfte ich mich nicht wagen. Ich vereinbarte mit ihnen eine Zusammenkunft in der Nähe der russischen Sektorengrenze. Nachher ließ ich sie mit einem Taxi nach Hause bringen, ich selbst setzte mich in einen Zug der Untergrundbahn. Der Zug fuhr los. Und da stellte ich zu meinem Entsetzen fest, dass wir durch Ostberlin fuhren.

Ich ging durch alle Waggons bis zum Fahrer und sagte zu ihm: »Ich bin Flüchtling aus der Tschechoslowakei. Ich habe Angst, dass sie mich auf der nächsten Haltestelle festnehmen.«

»Stellen Sie sich neben mich.«

Der Zug hielt. Einige Fahrgäste stiegen aus, Vopos sprangen in den Wagen und kontrollierten die Ausweise. In das Abteil des Fahrers trat eine Schaffnerin. »Wen hast du denn da?«, fragte sie.

»Ach was – einen tschechischen Flüchtling.«

Die Schaffnerin guckte mich an und verzehrte seelenruhig ihr Wurstbrot. Dann ging sie auf den Bahnsteig hinaus und unterhielt sich mit den Vopos. Da bin ich aber schön angeschmiert, dachte ich. Das Herz fiel mir in die Hosen. Die Kontrolle der wenigen Fahrgäste war schnell beendet, die Vopos stiegen aus, die Fahrt ging weiter, nach Westberlin. Wieder einmal konnte ich mich überzeugen: Ich hatte mehr Glück als Verstand.

Auf Einladung von Sir Nichols – er war nach dem Krieg Botschafter in Prag – konnte ich nach London fliegen. Unterwegs machte ich kurze Besuche bei Freunden in verschiedenen Städten Deutschlands und Frankreichs. Neben schönen Eindrücken gab es auch welche, die gemischte Gefühle hervorriefen. Da war zum Beispiel die Begegnung mit einem deutschen Politiker, einst Repräsentant des fortschrittlichen hitlerfeindlichen Flügels in der Tschechoslowakei. Wir kannten einander von der Tätigkeit in der Liga für Menschenrechte. Auch jetzt besaß er eine einflussreiche Stellung. Ich hoffte, es werde möglich sein, die durch Krieg und Aussiedlung zerrissenen Bande wieder zu knüpfen und die Bemühungen um Annäherung unserer beiden Völker zu erneuern. Er empfing mich herzlich und bewirtete mich; auf meinen Vorschlag einer Zusammenarbeit antwortete er jedoch: »Dafür ist es heute zu spät. Deutschland fängt an, seine Machtlosigkeit zu überwinden, und die Alliierten werden bald seine Kraft brauchen. Dann kommen wir zu euch. Mit unseren Rechnungen.«

Aus seinen Worten sprach die tiefe, unbezwingbare Erbitterung über den Verrat an ihm und seinen Anhängern, die für ihren Mut, gegen die braune Flut zu kämpfen, schwer gelitten hatten; nach dem Krieg aber wurden sie sozusagen mit den Nationalsozialisten in einen Topf geworfen.

Es war für mich eine erschütternde Erkenntnis. Auch wenn sich später seine Haltung mäßigte, Vertrauen zu Politikern habe ich nicht mehr gefasst. Von dieser Seite her war keine wahrhafte Annäherung zu erwarten. Sehr ermutigt hat mich dagegen der Umgang mit den einfachen ausgesiedelten Deutschen; bei ihnen fand ich Verständnis und das aufrichtige Verlangen, Freundschaft zu schließen.

In London genoss ich die herzliche Gastfreundschaft der Töchter Runham Browns, in dessen Haus oft die Ratssitzungen der Internationale der Kriegsdienstgegner stattgefunden hatten. Wie viele wertvolle Menschen aus vielen Ländern hatte ich in seinem gastlichen Haus kennengelernt! Runham selbst traf ich leider nicht mehr an, er war vor einem Jahr gestorben.

Nach langer Zeit zum ersten Mal verbrachte ich den Heiligen Abend ohne Kinder. Doch mir wurde das schönste Weihnachtsgeschenk zuteil; von dort, woher ich es nicht erwartete. Jehuda Bacon schrieb aus Jerusalem:

> Teurer Onkel! Wir, zwanzig Deiner ehemaligen Schützlinge, Jungen und Mädchen, die in Israel leben, haben erfahren, dass Du als Flüchtling nach England gelangt bist. Wir kamen überein, Dich nach Israel einzuladen; wir werden gemeinsam für Dich sorgen.

Dieses Angebot lehnte ich allerdings ab. Ein tiefes Gefühl sagte mir, dass vor mir noch eine Aufgabe lag. Doch die opferfreudige Dankbarkeit meiner Kinder war eine große Ermunterung.

Nach der überstandenen Nervenbelastung kam die Erschöpfung. Und wiederum waren es die Quäker, die mir Hilfe anboten. Im Laufe eines dreimonatigen Aufenthalts in der liebevollen und anregenden Atmosphäre ihres Kollegs in Woodbrooke gewann ich meine früheren Kräfte wieder zurück. Und durch das Studium der frühchristlichen Zeit fand ich Richtlinien und Mut für mein neues Wirken.

1952–1968
Neue Aufgaben im Exil

Im Lager »Valka«

Es häuften sich die Nachrichten über die elenden Verhältnisse der Flüchtlinge aus den von Kommunisten besetzten Ländern. Ich suchte einen Weg, wie ihnen zu helfen wäre. Mit Hilfe des Weltkirchenrates in Genf besichtigte ich, zusammen mit Olga Fierz, im Sommer 1952 die meisten Lager für Flüchtlinge, die in Deutschland und Österreich hängengeblieben waren.

Die Deutschen waren kaum in der Lage, sich um die eigenen, aus Polen und der Tschechoslowakei vertriebenen Landsleute[54] zu kümmern. Viele Städte lagen in Trümmern, es herrschten Arbeitslosigkeit und Hunger. Um der einheimischen Bevölkerung keine Arbeitsplätze wegzunehmen, durften sich ausländische Flüchtlinge nicht um Arbeit bewerben. Einige internationale Organisationen bemühten sich, das Elend zu lindern, und vermittelten die Emigration nach Übersee. Allein für die seelische Not der Flüchtlinge besaß selten jemand Verständnis.

Die schlimmsten Zustände bekamen wir im größten dieser Zentren zu Gesicht, im Lager »Valka« bei Nürnberg. Dieses Lager

54 In der Originalübersetzung »Volksgenossen«.

haben wir uns als neues Betätigungsfeld ausgesucht. Und nicht geahnt, dass wir hier volle zehn Jahre verbringen würden.

Es war nicht leicht, die Erlaubnis für eine soziale Arbeit in »Valka« zu erhalten. Die bayerischen Behörden wehrten sich gegen eine Einmischung von Fremden in die Verwaltung der Lager. Da half mir eine Empfehlung der deutschen Zentralstelle des Roten Kreuzes – der Kindersuchdienst erinnerte sich dankbar unserer Hilfe bei Nachforschungen nach deutschen Kindern. So ebnete uns die vergangene Tätigkeit den Weg zu einer neuen, völlig anders gearteten Arbeit.

»Valka« war eine ganze Barackenstadt. Sie war für jene Formationen gebaut worden, die an Hitler vorbeidefilierten und auf dem angrenzenden Areal die sogenannten Reichsparteitage der nationalsozialistischen Partei abhielten. Den Namen »Valka« gaben dem Lager die Esten und Letten, die man hier nach dem Zusammenbruch des Dritten Reiches untergebracht hatte, weil sie nicht mehr in die von Russen besetzte Heimat zurückkehren wollten. Das Lager erinnerte sie an die Stadt »Valka« – sie liegt an der Grenze ihrer Länder –, in der sie auch in enger Nachbarschaft gelebt hatten. Der Name des Lagers blieb, auch als später die Esten und die Letten von Flüchtlingen aus anderen Ländern Europas abgelöst wurden.

Im Tschechischen bedeutet »válka« Krieg; und tatsächlich, dieses Lager war zehn Jahre hindurch eine Arena des »Kalten Krieges«.

Im Jahre 1952 waren im Lager »Valka« an die viertausend Ausländer – nahezu die Hälfte stammte aus der Tschechoslowakei. Durch langen Zwangsaufenthalt im Lager und viele Enttäuschungen waren die Menschen entrüstet, ja verbittert. Ihr Misstrauen gegen jeden wirkte ansteckend auf Neuankömmlinge. Nach den überstandenen Leiden und nach den Schrecken der Flucht hätten sie zunächst dringend Erholung in einer verständnisvollen Umwelt gebraucht. Stattdessen waren sie der rücksichtslosen Eintreibung von Nachrichten seitens westlicher Agenturen[55] ausgesetzt

55 Westliche Geheimdienste.

und wurden in erbärmliche, kalte, ausgediente Bretterbaracken gepfercht. Gemessen daran, wie man mit ihnen im Lager umging, wie man ihnen das Essen verabreichte, konnten die Flüchtlinge glauben, sie wären in der falschen Richtung geflohen.

Alleinstehende Männer zwischen achtzehn und dreißig Jahren bildeten die Mehrheit der Belegschaft. An ihnen machte sich bereits der Einfluss kommunistischer Schulung bemerkbar. Als innerlich zerfallene Geschöpfe trafen sie ein; als angeknicktes Schilfrohr, das nur wenig braucht, um vollends durchzubrechen. Der »Westen« nahm diese Gestrandeten gleichgültig, mit Unwillen auf und kümmerte sich um sie nur insofern, als es seine Interessen verlangten.

Im Lager gab es drei oder vier Kantinen, in denen man zu jeder Tageszeit Betrunkene antreffen konnte. Unzureichend ernährten Menschen genügt eine kleine Menge Alkohol, um sich zu betrinken. Seelische Depressionen und Sorgen um die Familie, die sie in der Heimat zurückließen, verführten auch solche Menschen zu übermäßigem Alkoholgenuss, die sich unter normalen Umständen nicht betrunken hätten.

Gleich am ersten Tag nach meiner Ankunft in »Valka« war ich Zeuge dieser Szene: Ich betrat die Kantine. Auf dem Boden lag eine Frau, betrunkene Männer gossen ihr Schnaps in den Mund. Dabei hing an der Wand die Verlautbarung: »Der Ausschank von Spirituosen ist verboten!«

Ich machte den Wirt aufmerksam darauf. Am nächsten Tag war die Verlautbarung verschwunden, Spirituosen wurden weiterhin ausgeschenkt. Ich beschwerte mich bei höheren Stellen. Und wurde belehrt: »Wir haben keine Diktatur wie bei euch. Wir können die Gewerbefreiheit nicht einschränken.«

Als später der Minister selbst zur Inspektion des Lagers »Valka« kam, bat ich ihn, dafür zu sorgen, dass Maßnahmen gegen den Alkoholismus durchgeführt würden. Der Minister war auffallend liebenswürdig, sogar ein paar Worte Tschechisch hat er mir gesagt. Allein das gegebene Versprechen hat er nicht erfüllt.

Zum Alkoholismus kam der aufgezwungene Müßiggang hinzu. Die Lagerinsassen konnten sich zwar frei bewegen; sie durften aber weder ihren Wohnort wechseln noch eine Arbeit annehmen, solange sie von der Bundesdienststelle nicht als politische Flüchtlinge anerkannt wurden. Das Verfahren zog sich meist jahrelang hin, daher war das Lager »Valka« eigentlich ein Gefängnis; ja schlimmer als ein Gefängnis, weil die Insassen einer tieferen Demoralisierung ausgesetzt waren als Sträflinge.

Bei Müßiggang und fehlendem Rückhalt an die Familie verfiel insbesondere die Jugend einer sexuellen Promiskuität, der Prostitution. Hunger verführte die Jugend zu kleineren Diebstählen, die labilen Charaktere zu Betrug und Einbruch.

Eines Tages kam nach »Valka« ein achtzehnjähriger junger Mann, der in Prag mein Schützling gewesen war. Hungrig, ausgefroren, in durchnässten Schuhen. Ich beschaffte ihm das Nötigste. Bevor ich mich jedoch ein wenig nach ihm umsehen konnte, fiel er Gaunern in die Hände, die ihn irgendwohin lockten; der Junge verschwand spurlos.

Junge Menschen wurden zu langfristigen Strafen wegen kleiner Delikte verurteilt, die ein Jugendgericht unter normalen Verhältnissen einsichtsvoll verhandelt hätte. Das Gefängnis vollendete die Verheerung. Ich bin mit vielen solcher menschlichen Wracks – Jungen und Mädchen – zusammengekommen, die von Indolenz[56] und Hass der Umwelt seelisch erschlagen worden sind. Ein Student kehrte ins Lager aus dem Gefängnis zurück, in dem er wegen eines geringfügigen Diebstahls etliche Monate saß. Ich versuchte, ihn wieder auf die Beine zu bringen, doch er sagte zu mir: »Ich glaube niemandem mehr. Mir ist nicht zu helfen.«

Wie viele derartige Opfer hat der Kalte Krieg gekostet! In geordneten Verhältnissen hätten diese Menschen ein anständiges Leben geführt. Ein langes Lagerleben war nötig, um aus ihnen asoziale Geschöpfe zu machen.

Noch ein weiterer Umstand machte den Aufenthalt im Lager unerträglich: die vielen, einander feindlich gesinnten Nationalitä-

56 Gefühllosigkeit, Unbarmherzigkeit.

ten. Außerdem gab es in jeder nationalen Gruppe nicht nur Leute, die aus Freiheitsliebe vor dem kommunistischen Terror geflohen waren, sondern auch ehemalige Kollaborateure der Nationalsozialisten, die aus Angst vor Vergeltung die Heimat verließen. Im Allgemeinen hatten sie bessere Deutschkenntnisse und dadurch auch leichter Zugang zu Lagerfunktionen, die ihnen einen gewissen Einfluss gewährten. Was für eine Verbitterung rief das bei Menschen hervor, die Jahre in deutschen Konzentrationslagern gelitten hatten, oder deren Verwandte von den Nationalsozialisten hingerichtet wurden!

Dieser ganzen Lagerpsychose musste man sich bewusst sein, um nicht bei jedem Schritt über sie zu stolpern, nicht das geduldige Verstehen für so unterschiedliche Individuen zu verlieren; um ihnen trotz aller Vorurteile, Leidenschaften, Verleumdungen und Verstellungen Hilfe und Ermutigung bringen zu können. Drei Monate im Lager zu wohnen, war mir eine gute Lehre. Obwohl man mir ein kleines Zimmer im ruhigeren Teil des Lagers zugewiesen hatte, waren meine Nerven häufig schweren Belastungen ausgesetzt. Lange hätte ich das Wohnen im Lager nicht ausgehalten.

Kein Wunder, dass Geist und Gefühl der Insassen mit der Zeit abstumpften. Einer war dem anderen so nah, dass er das Knarren des Bettes hinter der Wand hörte. Ein Privatleben gab es nicht. Scham, Feingefühl, Selbstachtung und Menschenwürde gingen verloren. Menschen, die früher taktvolle Umgangsformen besaßen, trugen ihre intimen und anderen Streitigkeiten grob vor der Türe aus. Und kam noch der Alkohol hinzu, war die Hölle vollkommen.

Das enge Zusammenleben hätte sich vielleicht ertragen lassen, wären die arbeitsfähigen Menschen am Abend ruhebedürftig nach Hause zurückgekehrt. Da aber die meisten von ihnen den ganzen Tag nur auf ihre Behausung angewiesen waren, kam es ständig zu Reibereien. Die Menschen sackten moralisch ab, sie wurden überempfindlich, leicht reizbar, unfähig, sich über Kleinigkeiten und Klatsch hinwegzusetzen.

Was ich hier beschreibe, gilt nicht von »Valka« allein. Ähnliche Auswirkungen zeitigt das Lagerleben überall. Was für eine grenzenlose geistige und seelische Verarmung bedeutet doch die Tatsache, dass es heute noch auf der Welt Hunderttausende von Menschen gibt, die gezwungen sind, ein Lagerleben zu führen! Opfer von Terror und Krieg sind nicht nur die unzähligen Gefallenen, Verwundeten und Gefangenen, sondern auch jene anderen, die angeblich davongekommen sind, seelisch jedoch in Lagern zu Grunde gehen. Erst eine spätere Zeit wird es erweisen: Die Diktaturen unseres Jahrhunderts haben vermutlich durch die Verheerung der Seele größeres Unheil gestiftet als durch physische Vernichtung und Mord.

* * *

Das Lager »Valka« wurde von Deutschen verwaltet, die trotz ihrer Korrektheit nicht im Stande waren, ihre nationalsozialistische Vergangenheit zu verleugnen. In der Kommission, die über Gesuche um Asyl entschied, befanden sich wegen ihrer tschechischen und polnischen Sprachkenntnisse auch Sudeten- und Schlesiendeutsche. Von diesen Menschen Sympathie für tschechische und polnische Flüchtlinge zu erwarten, für Vertreter einer Nation, die ihnen die Heimat genommen hatte, hätte bedeutet, ihnen etwas zuzumuten, was über Menschenkräfte ging. Und doch fanden sich Einzelne, die das fertigbrachten. Dankbar gedenke ich des Prager Deutschen, Herrn H., der heimlich und mit persönlichem Risiko den Tschechen half.

Wenn mir ein besonders dringlicher Fall vorlag, dass ein Flüchtling schon Jahre auf die Gewährung des Asylrechts oder auf die Ausfertigung von Belegen zur Auswanderung nach Übersee wartete, ging ich zu Herrn H. ins Amt. Der suchte den Akt hervor und legte ihn obenauf. Das genügte, dass mein Schützling in einigen Tagen vorgeladen und sein Fall erledigt wurde.

Einmal betrat der Abteilungschef den Raum. Der gute Herr H. fuhr mich an: »Ich hab' Ihnen schon gesagt, dass Sie wie die anderen warten müssen!«, und wies mich auf den Gang hinaus. Als der Vorgesetzte weggegangen war, rief er mich wieder hinein und sagte:

»Verzeihen Sie mir. Ich darf Flüchtlingen gegenüber nicht gefällig sein. Die Herren wären der Meinung, dass ich Sie protegiere; ich würde ihr Vertrauen und meine Stellung einbüßen.« Wenn mir Herr H. draußen begegnete, tat er, als sähe er mich nicht.

In einer anderen Behörde in Nürnberg saß ein Jurist, ein Deutscher aus Mähren, der aufopfernd und mit unendlicher Geduld komplizierte juristische Eingaben für mich schrieb. Als er mir wieder einmal viel von seiner kostbaren Zeit gewidmet hatte, dankte ich ihm mit den Worten: »Sie sind ein guter Mensch!«

Er senkte den Kopf und gab zurück: »Ich bin kein guter Mensch. Beten Sie für mich.«

Ich wusste, was das besagte. Während des Krieges war dieser Jurist Militärrichter in der Herzegowina gewesen. Seit diesem Tage nahm ich seine Dienste als Äußerungen der Buße an; eine unendlich wertvollere Buße als die durch Gerichtsurteile erzwungenen Strafen der Entnazifizierung.

Von Zeit zu Zeit entbrannte in den Nürnberger Zeitungen eine giftig gehässige Kampagne gegen die Insassen des Lagers; das trug wesentlich dazu bei, dass »Valka« in den Ruf einer Räuberhöhle kam. Wenn ein tschechischer Flüchtling einen Diebstahl beging, bezeichnete ihn die Presse als »der Tscheche Antonín«; der Komponist Antonín Dvořák aber war »der Böhme Anton Dvorak«.

Nicht einmal gegen mich hat es an Anzeigen gefehlt. Den einen zufolge war ich ein britischer Spion, nach den anderen ein kommunistischer Agent. Hätte ich allen diesen Verleumdungen Beachtung geschenkt, hätte ich nicht ruhig arbeiten können. Dank einflussreicher Freunde ging es immer gut aus.

Ich war in der Hoffnung ins Lager »Valka« gekommen, irgendetwas an den Verhältnissen ändern und irgendwelche Arbeitsmöglichkeiten schaffen zu können. Das erwies sich bald als undurchführbar. Zu viele Hindernisse technischer, verwaltungsmäßiger und psychologischer Art standen im Wege. Überdies rechnete man dauernd mit einer Verlegung des Lagers. Viele Bemühungen scheiterten an der Tatsache, dass es unmöglich war, die Interessen der verschiedenen Behörden auf einen Nenner zu bringen: die Bundesregierung, die Bayerische Regierung, die Bezirksbehörde, die Stadtverwaltung, die Besatzungsbehörden – alle diese Instanzen divergierten in ihren Ansichten über »Valka«. Menschlichkeit und moralischer Halt blieben das größte, das dringendste Bedürfnis. Und darauf haben Olga Fierz und ich unsere Tätigkeit im Lager gegründet.

* * *

Eine halbe Wegstunde vom Lager »Valka« entfernt steht ein alter Bauernhof und in diesem Hof eine romanische Kapelle. Das dicke, runde Mauerwerk erinnert an eine wilde, barbarische Umgebung; vor ihr sollte im zehnten Jahrhundert diese Kapelle das sich ausbreitende Christentum schützen. Die tausendjährige Rotunde ist auch ein Symbol unserer Zeit: Starke Mauern trennen die Friedensbotschaft Gottes von der Welt. Trotz allen kulturellen und technischen Fortschritts befinden wir uns noch im »finsteren Mittelalter«. Die Barbarei dauert an.

Völlig anders war die Lagerkapelle gebaut, die zum Mittelpunkt meiner ökumenischen »Hus-Gemeinde« wurde: eine Bretterbaracke, in die jeder Lärm der Außenwelt drang; Kindergeschrei, das Dröhnen der Lautsprecher, der Spektakel von der nahen Kantine, der Lärm vorbeifahrender Wagen. Dennoch besaß unsere bescheidene Notkapelle etwas Gemeinsames mit der ehrwürdigen Rotunde in Altenfurt. Auch sie erhob sich inmitten einer barbarischen Welt, in der – wie einst – auch heute noch Gewalt und Rache regieren, in der Menschen wie im Gestrüpp des Urwaldes zu Grunde gehen. Auch unsere »Bretterkathedrale« wurde jenen zur festen Burg, die darin Zuflucht suchten.

Noch vor meiner Ankunft hatten tschechische Flüchtlinge unter Mithilfe ihrer ungarischen Freunde einen kleinen Turm angebaut, dessen Stirnwand sie mit dem hussitischen Kelch schmückten. An der Rückseite wurde ein Gemeinderaum – eigentlich ein größerer Schuppen – angefügt, in dem ich eine tschechische Bibliothek einrichtete. Zu Büchern kam ich durch einen Aufruf in landsmännischen Zeitungen Amerikas.

In diesem Gemeinderaum wurden auch regelmäßig gesellige Veranstaltungen abgehalten, bei denen wir die Geschichte des Christentums, besonders der böhmischen Reformation, durchnahmen sowie die anfallenden Probleme lösten. Häufig war das Ausleihen von Büchern ein Vorwand für vertrauliche Gespräche. Wie gut hat es diesen Menschen getan, wenn sich jemand für sie persönlich interessierte! Es war für sie eine Erleichterung, ihrer Bitterkeit freien Lauf lassen zu können und sich mit Menschen zu beraten, die ihnen ihre Probleme in einem anderen Licht zeigten.

Wie vieler tragischer Schicksale Zeugin war doch diese unsere bescheidene Kapelle! Wie viele auch unausgesprochene Nöte hat sie in sich geborgen! Heute steht sie nicht mehr. Als die Luthergemeinde in der Nähe die Paul-Gerhardt-Kirche baute, musste die Kapelle der wachsenden Vorstadt Langwasser Platz machen.

Wenigstens einige Schicksale möchte ich hier festhalten, die sich in meinem Gedächtnis eingeprägt haben.

* * *

Ich habe unsere Leute in den Baracken immer wieder aufgesucht. Bei einem dieser Besuche sagte mir jemand vertraulich: »Nehmen Sie sich vor Olda[57] in acht. Im Rausch hat er mir ausgeplappert, dass er Sie über die tschechoslowakische Grenze bekommen muss. Diesen Auftrag hat er bekommen. Steigen Sie in kein fremdes Auto ein!« Auf diese Weise war der Abgeordnete Laušman[58] entführt worden.

57 Tschechischer Männername, Kurzform, Verniedlichung von Oldřich.

58 Bohumil Laušman, ehemaliger Abgeordneter und Führer der Sozialdemokraten, wurde im Dezember 1953 im Salzburger Exil vom Geheimdienst entführt und in die CSSR zurückgebracht.

Ich wusste, dass ich den Herren in Prag ein Dorn im Auge war. Wegen meiner sonntäglichen Ansprachen, die Radio Freies Europa in München in die Heimat ausgestrahlt hat. Diese Herren entdeckten: Für sie war der seelische Halt, den ich solchermaßen den Landsleuten zu Hause bot, gefährlicher als die politische Tätigkeit einiger Exulantengruppen[59].

Am Heiligen Abend suchte ich Olda auf. »Ich weiß, Olda, heute wird es dir bange ums Herz sein. Komm zu uns, wir werden einen Christbaum haben, Weihnachtslieder singen, und so irgendwas an Weihnachtsstriezel, Apfelstrudel, Obst und Nüsse wird es auch geben. Da seh' ich, du hast dir schon eine Flasche Wermut vorbereitet. Schenk sie mir zum Christkind!« Was sollte er machen? Er gab sie mir.

»Bis abends, auf Wiedersehen!«

Er kam tatsächlich mit einem Kameraden. Aufmerksam folgte er meiner Erläuterung über den Sinn des Weihnachtsfestes, über Christus, der auch in unseren Herzen geboren werden muss. Olda sang mit uns Weihnachtslieder und sichtlich war ihm auch ohne alkoholische Getränke wohl zu Mute. Es war lange nach Mitternacht, als wir uns trennten. Ich stand an der Tür und sagte jedem noch ein paar Worte zum Abschied. Olda kam als letzter.

»So einen schönen Heiligen Abend hab' ich schon lange nicht mehr erlebt«, meinte er. »Das letzte Mal zu Hause bei der Mutter.«

»Willst du mich nicht mehr über die Grenze schaffen?« Er wurde rot, platzte heraus: »Sie wissen's?«

»Man sieht, du bist ein schlechter Spion. Lass das!«

Wie ich später erfuhr, fand er eine Arbeitsstelle und brach die Verbindung zu den Herren drüben ab.

Der geheimen Staatspolizei den Dienst aufzukündigen, war gar nicht so einfach. Eines Tages suchte mich Stanislav X. auf und ver-

59 Als »Exulanten« werden eigentlich protestantische Glaubensflüchtlinge aus dem 17. Jahrhundert bezeichnet. Pitter meint hier tschechische Flüchtlinge seiner Zeit.

traute mir seine Notlage an: »Ich bin nicht der anständige Mensch, für den Sie mich halten. Ich stehe im Dienst des Prager Innenministeriums. Ich bin hergeschickt worden, um die Flüchtlinge auszufragen, wer ihnen zur Flucht verholfen hat.«

Das hätte ich nie von diesem bescheidenen, sympathischen Menschen erwartet. Er hatte für religiöse Fragen besonderes Interesse gezeigt.

»Ich bitte Sie, helfen Sie mir, da herauszukommen«, sagte er verzweifelt. »Ich kann das nicht mehr machen, aber wenn ich aufhöre, hab' ich sie am Hals. Sie haben lange Arme.«

Er schilderte mir, wie er in die Klemme geraten war. Als »nationaler Verwalter« einer Großgärtnerei im Grenzgebiet hatte er sich Dinge zu Schulden kommen lassen, für die ihm eine erhebliche Strafe gedroht hatte. Die polizeilichen Ermittlungsorgane versprachen ihm, die Angelegenheit zu unterdrücken, wenn er ihnen helfe. Zunächst handelte es sich um harmlose Dienstleistungen; später musste er Informationen für die Geheimpolizei sammeln und Spitzeldienste leisten. Er bat um eine andere Arbeit, und so schickten sie ihn nach »Valka« zum Auskundschaften.

»Haben Sie das der hiesigen Gegenspionage gemeldet?«

»Nein, ich habe Angst, sie könnten mich zwingen, auch für sie zu arbeiten.«

Diese Befürchtung war allerdings berechtigt.

»Was haben Sie erlernt?«

»Gärtner. Ich bin Fachmann für Gemüsebau und Obstzüchter.«

»Wohin möchten Sie auswandern?«

»So weit als möglich.«

Ich bat den Redakteur der landsmännischen Zeitung in Australien, ein Inserat abzudrucken, und bekam postwendend Antwort: »Ein Inserat ist nicht notwendig. Er kann sofort anfangen, auf der Plantage eines Landsmanns zu arbeiten, der alles Nötige erledigt.«

In Rekordzeit fuhr Stanislav X. zu den Antipoden[60]. Dort verwaltet er auf einer Insel eine Farm mit vierzig Eingeborenen und fühlt sich wohl unter ihnen.

Im Lager gab es mehrere solche eingeschmuggelten Agenten. Einer war sogar – wie sich später herausstellte – Leiter einer internationalen Hilfsorganisation.

Einerseits war große Vorsicht vonnöten, andererseits durfte man sich den Weg zum Herzen des verirrten Menschen nicht verstellen. Denn auch er suchte vielleicht eine hilfreiche Hand. Wiederholt machte ich die Erfahrung, dass Flüchtlinge, vor denen ich zu Recht oder Unrecht gewarnt worden war, sich als ehrliche Wahrheitssucher erwiesen.

Jungen Menschen mit kommunistischer Erziehung wurden verbogene Moralbegriffe beigebracht; es ist daher kein Wunder, wenn sie sich für Spitzeldienste gewinnen lassen und auch anderweitig auf Abwege geraten. Ihre Vergehen, ja sogar ihre Verbrechen wiegen nicht so schwer wie die Unterlassungssünden, die viele gute Christen begehen.

* * *

Jene Leute, die zu uns geschickt wurden, um auszukundschaften, meldeten sich als politische Flüchtlinge. Sie kannten schon im Voraus alle Fragen, die man ihnen stellen würde, und schilderten erdichtete Schrecken der Verfolgung. Solche Leute wurden bald anerkannt. Demgegenüber haben die anderen, die ihre Gründe zur Flucht nicht so vorzutragen wussten, wie es die Vorschriften erforderten, nicht das Asylrecht erhalten.

Ein junger tschechischer Ingenieur wurde von der deutschen Prüfungskommission über die Gründe seiner Flucht vernommen:

»Ich konnte es nicht mehr länger aushalten.«

---

60 Antipoden sind die uns auf der Weltkugel gegenüberliegenden Länder.

»Was konnten Sie nicht aushalten? Wurden Sie verfolgt, an Leben oder Freiheit bedroht?«

»Das nicht«, antwortete der Ingenieur aufrichtig, »aber dazu hätten Sie dort sein müssen, um zu verstehen, was der Mensch alles tun muss, selbst wenn man ihn nicht dazu zwingt. Sie müssen Berichte über ihre Arbeitskollegen eingeben: worüber sie sich untereinander unterhalten, was sie lesen, wohin sie gehen, mit wem sie verkehren, wie sie Ereignisse beurteilen, was für Bilder, Sachen, Bücher sie zu Hause haben, ob sie in die Kirche gehen, wie sie die Fenster bei Staatsfeiern schmücken, warum der oder jener nicht zur Versammlung, zur ›Arbeitsbrigade‹ kam, und so weiter. Dabei weiß ich, dass auch die Arbeitskollegen – Vorgesetzte wie Untergebene – ähnliche Berichte über mich eingeben müssen. Niemandem können Sie vertrauen, nicht einmal den eigenen Kindern. Kurzum, ich konnte in dieser Atmosphäre nicht mehr leben und bin daher geflohen.«

Dieser Ingenieur wurde nicht als politischer Flüchtling anerkannt und erhielt das Asylrecht in Deutschland nicht. Er hätte sich auflehnen müssen, verhaftet werden, bedroht sein an Freiheit oder Leben. Dann allerdings wäre es ihm kaum gelungen, zu fliehen.

Ein anderer Fall: Ein junger Mann – sein Vater besaß Vermögen, das beschlagnahmt wurde – hatte als Angehöriger einer ehemals bourgeoisen Familie keine Aussichten auf eine bessere Existenz. Der junge Mann beteiligte sich eifrig an allen kommunistischen Veranstaltungen, er meldete sich freiwillig zu »Arbeitsbrigaden«, er übernahm Funktionen, errang nach und nach das Vertrauen der kommunistischen Partei und wurde schließlich ihr Mitglied. Als Sportler nahm der junge Mann an einer Sonderfahrt nach Ostdeutschland teil, und diese Gelegenheit nutzte er zur Flucht nach Westberlin. Auf die Frage des amerikanischen Untersuchungsbeamten, ob er nicht Mitglied irgendeiner kommunistischen Organisation gewesen sei, antwortete er: »Selbstverständlich, anders wäre ich doch nicht über die Grenze gekommen!« Auch dieser Mann wurde nicht als politischer Flüchtling anerkannt und es wurde ihm nicht bewilligt, nach Amerika oder in andere angelsächsische Länder – wohin ihn seine Sehnsucht zog – auszuwandern.

Bei mir persönlich hat es acht Monate gedauert, ehe ich von den Bonner Behörden überprüft war und einen Ausweis erhielt, obwohl ich eine Menge glaubwürdiger Zeugen besaß und beim bayerischen Innenministerium akkreditiert war.

Oft, wenn allein schon die Perfektion eines Falles Verdacht erregen musste, habe ich über die Stupidität der Gegenspionagedienste den Kopf geschüttelt. Doch es war nicht meine Aufgabe, den Konfidenten[61] zu machen. Manche Agenten waren ja verführte Menschen; nachdem ihnen die Augen aufgegangen waren, befanden sie sich in großer seelischer Bedrängnis. Ich kenne Fälle, wo solche Menschen in derart schwere innere Konflikte gerieten, dass sie geistig erkrankten und jetzt an Verfolgungswahn leiden.

Das sind nur einige der Folgen, die ein System nach sich zieht, das kein Mittel scheut, um sein Ziel zu erreichen.

* * *

Im Laufe der Jahre sank die Zahl der Lagerinsassen von »Valka« langsam, und damit besserten sich auch die Verhältnisse etwas. Als sich die westdeutsche Wirtschaft von der Krise der Nachkriegszeit erholt hatte, benötigte sie dringend Arbeitskräfte. Nun wurde auch ausländischen Flüchtlingen gestattet, sich gleich nach Registrierung und erster Vernehmung in den Arbeitsprozess einzugliedern. Vielen gelang es mit der Zeit doch, irgendwohin nach Übersee auszuwandern. Für uns allerdings gab es nicht weniger zu tun. Im Lager hielten sich am längsten jene Menschen auf, die wegen körperlicher oder sittlicher Beeinträchtigungen nicht emigrieren konnten. Endlich waren wir in der Lage, jenen Landsleuten mehr Aufmerksamkeit zu widmen, die sich in Krankenhäusern oder Gefängnissen befanden. Sie hatten niemanden, der sie besuchte.

61 Zuträger, Vertrauten.

Im Jahre 1960 wurde die Liquidierung des Lagers amtlich bekannt gegeben, doch wir wurden noch für zwei weitere Jahre durch die Fürsorge um die restlichen Flüchtlinge in Bayern festgehalten.

* * *

Neue Flüchtlinge gab es in den letzten paar Jahren nur spärlich. Der Eiserne Vorhang war so hermetisch abgeschlossen, dass nur Verzweifelte oder Abenteurer die höchst gefährliche Flucht wagten.

Berühmt ist jener »Zug der Freiheit« geworden, dessen Lokomotivführer die Grenzsperren durchbrach und mit allen Passagieren in die »freie Welt« fuhr[62].

Eine tschechische Familie unternahm auf einem ostdeutschen Schiff einen Ausflug in die Ostsee. Als sich das Schiff der dänischen Küste näherte, sprangen Mann und Frau, jeder mit einem Kind im Arm, über die Reling. Nach ihnen sprang die Großmutter, und alle schwammen zum Ufer. Die ostdeutschen Matrosen begannen, die Flüchtlinge zu verfolgen. Sie holten den Mann ein, rissen ihm das Kind aus den Armen. Diese Szene beobachtete ein dänischer Arbeiter; er sprang ins Meer und entwand dem Matrosen das Kind. Inzwischen hatten sich dänische Polizisten eingefunden. Sie hinderten die Matrosen an der weiteren Verfolgung. Am nächsten Tag sprang wieder ein Ehepaar mit den Kindern im Arm ins Meer. Schwimmend gelangten sie glücklich in einen dänischen Hafen und baten dort um Asyl. Beide Männer waren Prager Professoren.

Ich habe mit einem Flüchtling gesprochen, der auf der Achse eines Waggons durch den Eisernen Vorhang kam. Ich sprach mit einem anderen, der sich unter das Holz im Waggon eines Lastzugs vergrub. Ein älterer gebildeter Mann zwängte sich in den engen

62 1951 leiteten tschechische Bahnbedienstete einen Zug um und durchbrachen bei Aš die Grenzbefestigungen nach Bayern, um in die Freiheit zu flüchten. Diese deutsch-tschechische Verbindungsstrecke Hof – Cheb wird seit Dezember 2015 wieder befahren.

Raum rings um das Wasserreservoir im Klosett. Ein anderer Mann, ein Arbeiter, versteckte sich zwischen Eierkisten und verbrachte in dieser Gefangenschaft einige Tage, bevor sein Waggon nach Westdeutschland gelangte. Ein dritter vergrub sich in einer Ladung Würfelzucker; vor dem tödlichen Durst schützte er sich allein dadurch, dass er nicht ein einziges Stück kostete. Junge Eheleute, beide Lehrer, überflogen in einem Sportflugzeug den scharf bewachten Böhmerwald. Ein Buchhalter hat mir erzählt, wie er am Grund des Grenzflusses Thaya mit einer alten Gasmaske am Gesicht entlangwanderte. An ihr war ein Schlauch mit einem getarnten Schwimmer befestigt, so dass der Schlauch Luft zuführte.

Im Westen erfuhr die Öffentlichkeit von gelungenen Fluchten; sie hörte jedoch nichts von der großen Zahl missglückter Fluchten, bei denen der Versuch, in die Freiheit zu entkommen, mit schwerer Verwundung oder sogar mit dem Leben bezahlt wurde. Soldaten, die in voller Ausrüstung über die bayerische Grenze desertierten, erzählten uns, täglich würden Menschen bei Fluchtversuchen abgefangen, Gefängnisse und Zwangsarbeiterlager wären von ihnen überfüllt. Ich kenne einen Landsmann, der aus der Festungshaft in der Slowakei dadurch entkam, dass er in den Abort sprang, in die Senkgrube fiel und durch die Rohrleitung hinter die Festungsmauern gelangte. Er brauchte einige Monate, um unbemerkt die bayerische Grenze zu erreichen. Zum Schluss bewahrte ihn ein Rehbock davor, von Tretminen zerrissen zu werden. Das Tier lief vor dem Landsmann in das verminte Feld und löste eine Explosion aus, die ihn zerrissen hätte.

Sogar aus den streng bewachten Urangruben von Joachimsthal wagten politische Häftlinge die Flucht durch heimlich gegrabene Tunnels.

Was bedeuten all diese Verzweiflungstaten? Mit Überlegung riskiert niemand das Leben, wenn er nicht dazu gezwungen wird. Fragt diese Menschen, warum sie aus der Heimat geflohen sind – vielleicht können sie es Euch nicht einmal so erklären, dass Ihr es versteht. Haben sie zu Hause Hunger gehabt? Mangel gelitten? Sie werden Euch sagen: Das ließ sich aushalten. Was sich jedoch nicht aushalten lässt, das ist der Dauerzustand der Unfreiheit und der geistigen Not.

Das ist auch der Grund, warum so viele Tschechen und Slowaken nach dem 21. August 1968 nicht in ihre Heimat zurückgingen oder sie verließen. Sie hatten Angst, dass unter der sowjetischen Besatzung das Regiment des Terrors und der Willkür, der Lüge und Unmenschlichkeit wiederkehren würde. Die Entwicklung hat ihnen recht gegeben.

Ihr Schicksal indessen lässt sich nicht mit dem Schicksal der Flüchtlinge nach 1948 vergleichen[63]. Ihre Flucht war kein dramatisches Spiel auf Leben und Tod. In den Ländern, die sie aufnahmen, trafen sie meistens auf geordnete Verhältnisse und freundlichen Empfang. Dank Gott und vieler guter Menschen in höheren und niederen Stellungen blieben ihnen jene Leiden erspart, die so viele Insassen des Lagers »Valka« zermürbt haben.

63 In der Originalübersetzung: »identifizieren«.

Gefangene und ihre Herren

MEINE BETREUUNG DER FLÜCHTLINGE, DIE mit dem Gesetz in Konflikt geraten waren, öffnete mir die Tore einiger bayerischer Gefängnisse. Den beklemmendsten Eindruck machte das Zuchthaus in Straubing. Nicht so sehr deshalb, weil es für Schwerverbrecher bestimmt ist, sondern wegen seiner deprimierenden Atmosphäre.

Manchmal musste ich die Akten der Strafgefangenen studieren, um ihnen raten und helfen zu können. Dabei stellte ich fest, dass beinahe allen in ihrem schweren Leben die helfende Hand gefehlt hat, und dass sie durch die Verhältnisse ins Verbrechen getrieben wurden. Bei allen habe ich durch Besuche und rege Korrespondenz gute Seiten entdeckt; da hätte man bei der Umerziehung ansetzen können. Wie standhaft war Andrej bestrebt, sein im Gefängnis schwer verdientes Geld der kranken Mutter in der Slowakei zur Aufbesserung zu schicken! Wie quälte Ottokar das Schicksal seiner beiden unehelichen Kinder! Mit welch kindlicher Freude brachte uns Stefan nach seiner Entlassung Weihnachtsgeschenke – als Vergeltung für die Pakete, die wir ihm zu Weihnachten und zum Geburtstag geschickt hatten.

Bei allen Sträflingen habe ich jedoch beobachtet, dass Bitterkeit an ihnen zehrte. Sie waren der Gesellschaft Feind, weil sie zu streng verurteilt worden waren.

Der Hass nagt an den Sträflingen und verhindert eine innere Wandlung. Sie sehen nicht ein, warum sie sich Gesetzen unterwerfen sollen, die sich eine böse Gesellschaft gegeben hat und noch dazu nach verschiedenen Maßstäben geltend macht: Die Mächtigen stehlen, ohne bestraft zu werden, wogegen bei kleinen Dieben der Arm der Justiz hart zuschlägt. Jene, die während des Krieges tausende unschuldige Menschen umbrachten, sind schon entlassen; doch wer sich etwa im Affekt an einem einzigen Leben vergriffen hat, muss endlos büßen. Diese Ungerechtigkeit fühlen die Sträflinge zutiefst. Daher kreisen ihre Gedanken immer nur um das, was ihnen zu Unrecht geschah. Und weil dies die Einstellung der Mehrheit ist, entwickelt sich in den Gefängnissen eine Atmosphäre, in der aus dem kleinen Dieb oder Betrüger ein größerer wird. Dort lernen sie, wie man es beim nächsten Mal gescheiter machen kann.

Das deutsche Strafgesetz und der Strafvollzug waren – und sind es im großen Maße noch heute – hart zu den eigenen Staatsbürgern; umso mehr zu Fremden. Vielerorts herrscht noch die mittelalterliche Auffassung von der Vergeltung für eine böse Tat vor; der Gedanke einer Umerziehung hat wenig Raum. Ich musste oft an die alte Mathilda Wrede denken. Am liebsten hätte ich mir meine Verbrecher in eigene Obhut genommen.

Der Schuldige legt seinen schützenden Panzer nur dann ab, wenn er fühlt, dass man ihn zu verstehen sucht. Dann erst kann er die eigene Schuld erkennen und sie wirklich bereuen. Das habe ich wiederholt in markanter Weise erlebt. Ich wohnte den Gerichtsverhandlungen meiner Schützlinge bei. Das Bewusstsein, wenigstens ein Mensch sei anwesend, der sie nicht verstößt, gab ihnen innere Ruhe und Mut zur Aufrichtigkeit. Auch Jaroslav bat mich, »dabei zu sein«. Er hatte nicht bedacht, dass man alle seine Vorstrafen verlesen würde, angefangen vom kleinen Betrug bis zum gemeinsamen Einbruch; eine Kette sich steigernder böser Taten. Ich saß hinter ihm in der ersten Reihe. Gewahrte, wie er unter der Schande zusammenbrach. Nach der Verurteilung gab ich ihm einige aufmunternde Worte mit auf den Weg.

Jaroslav bestätigte mir in einem Brief, wie er sich vor mir geschämt hat. »Ich danke Ihnen, dass Sie mich nicht verstoßen haben und dass ich auch weiterhin Vertrauen zu Ihnen haben kann.«

Ich unterhielt auch Kontakt zu entlassenen Gefangenen. Einer lebte in München; gelegentlich verabredete ich mich mit ihm in einem Restaurant. Während eines Gespräches gewahrte ich, wie er einen neuen Gast beobachtete, der seinen Wintermantel auf den Kleiderhaken hängte.

»Gefällt dir der Pelz? Wärst du noch im Stande, ihn zu stehlen?«

»Wenn ich wüsste, dass er Ihnen gehört, dann nicht.«

Dieser aufrichtige Satz sprach Bände. Die menschliche Gesellschaft muss sich so umformen, dass sie schwächere Charaktere nicht zu Verbrechen verleitet. Dann müsste man nur anormal veranlagte Einzelne internieren; doch keinesfalls in Strafanstalten, sondern in Heil- und Arbeitsinstituten. Ein Ziel, das wir nicht so bald erreichen werden. Doch nur von diesem Gesichtspunkt aus kann sich die Rechtsprechung der Gerechtigkeit nähern.

Wenn Kriminalität und Missachtung der Gesetze anwachsen, ist das stets ein Zeichen dafür, dass in eben dieser Gesellschaft etwas nicht in Ordnung ist; dass die Mächtigen und Reichen gegenüber der Mühsal der Schwachen und Enterbten gleichgültig sind.

Das bezieht sich nicht nur auf die sogenannten kapitalistischen Länder. Nirgends wird so allgemein betrogen und gestohlen wie in Ländern mit kommunistischem Regime. Alles gehört dem Staat; theoretisch allen, praktisch niemandem. Daher machen sich die meisten Leute kein Gewissen daraus, die Arbeit oberflächlich zu verrichten oder ein wenig Nutzen für sich herauszuholen.

Letzten Endes liegt es nicht so sehr am System als an den Menschen, die seine Verordnungen durchführen. Im Jahre 1968 gelangten in der Tschechoslowakei Männer ins Rampenlicht, die den Mut besaßen, den Terror des vergangenen Regimes zu verurteilen. Sie haben sich aufrichtig um eine Besserung der Verhältnisse bemüht – und die ganze Nation war von neuem fähig, ehrlich zu arbeiten und Opfer zu bringen. Sobald jedoch diese Führer zur Kollaboration mit den Okkupanten, zu Heuchelei oder Schweigen gezwungen wurden, sank wiederum das allgemeine sittliche Niveau und die Arbeitsmoral. In der unbarmherzigen Unfreiheit krankt mein Volk wiederum an einer ähnlichen Psychose wie damals meine Gefangenen. Bloß die Rollen sind vertauscht: nicht jene, die unten sitzen, sind die Verbrecher.

Härte führt nicht zu Gehorsam vor dem Gesetz, sie macht den Menschen und das Volk nicht besser, im Gegenteil: Härte zwingt dazu, Gesetze zu missachten und sich zu verstellen, sie ruft Verbitterung hervor und züchtet geradezu Falschheit. Diktatorische

Regime brechen ebenso wie eine unmenschliche Strafgesetzordnung den Charakter und vergiften die Seele.

Durch Diktat und Gewaltmethoden lassen sich auch die besten Vorhaben nicht realisieren. Es liegt alles an den Menschen, an ihrer Einsicht und freiwilligen Unterordnung. Ohne diese Faktoren muss früher oder später auch das genialste Gesellschaftssystem zusammenbrechen.

Wir haben erlebt, wie mächtige Kolonialreiche auseinanderfielen, weil sie die Menschenrechte ihrer Untergebenen missachtet haben. Es werden auch alle neokolonialistischen Regierungen – einschließlich der sowjetischen – stürzen, obwohl sie ihre »Verbündeten« durch raffiniertere Methoden ausbeuten. Jedes System, das die Würde des einzelnen Menschen, seine innere Freiheit, missachtet, richtet sich selbst. Es verurteilt sich zum Untergang deshalb, weil unlautere Mittel das Ziel selbst erniedrigen und zersetzen.

Auch die demokratischen Staaten werden sich nur dann halten, wenn es ihnen gelingt, die rücksichtslose Jagd nach Wohlstand aufzugeben. Majoritätsdemokratie ist letzten Endes wiederum ein Kampf um die Macht. Demgegenüber bedeutet eine Demokratie, die sich auf Verständigung gründet: gemeinsames Bemühen, die Ideale der Humanität, die allumfassende Menschlichkeit, ohne Rücksicht auf zahlenmäßige Stärke und Parteiinteressen zu verwirklichen. Die Existenz der demokratischen Völker hängt davon ab, ob es ihnen gelingen wird, eine Jugend mit Idealen und Sehnsucht nach größerer menschlicher und weltumspannender Solidarität zu erziehen. Fehlt nämlich das tatkräftige Interesse für den Menschen in allen Beziehungen, dann richten weder demokratische Einrichtungen etwas aus, noch die christliche Kultur, noch äußerlicher Aufschwung und weltbewegende technische Errungenschaften. Geistige Elemente sind die entscheidenden Faktoren in der Entwicklung der Menschheit, niemals äußere Bedingungen, wenn sie auch nicht ohne Einfluss sind.

Jedes System, das auf den Kampf der einen gegen die anderen baut, ist eine Negation der menschlichen Gemeinschaft. Das betrifft auch den Sozialismus, wenn er den rücksichtslosen Klassenkampf verkündet und führt. Dann hört der Sozialismus auf, Diener des Menschen zu sein. Der Mensch wird ihm Werkzeug zur Erlangung der Macht.

»Sie treiben unser Volk in die innere Emigration!«, warf mir erregt mein ehemaliger Professor J. L. Hromádka vor, weil ich in meinen Rundfunkansprachen für die Heimat diese Wahrheiten nicht verschwieg. Er selbst betonte immer nur das Positive des neuen Regimes – das es unzweifelhaft auch gab –, schwieg aber zur Lügenpropaganda und zu unmenschlichen Taten. Die sowjetische Okkupation der Tschechoslowakei hat auch ihm die Augen geöffnet.

Es ist eine Illusion, zu meinen, wir würden der Sache des Friedens einen Dienst erweisen, wenn wir Schlechtigkeiten und Verbrechen verschweigen oder sogar noch beschönigen. Wir müssen sie sehen, wo immer sie vorkommen, sei es auf dieser oder auf jener Seite der Barrikade, im Osten oder im Westen. Manche wohlwollenden Menschen in Ländern mit christlicher Kultur glauben, sie würden den Kalten Krieg beseitigen, wenn sie nur im eigenen Lager kritisieren und beim Gegner nur die guten Dinge hervorheben. Der Kalte Krieg wird dadurch nicht erstickt, nur zugedeckt und verheimlicht, was den Unterdrückern sehr willkommen ist. Tatsache ist: Es leiden die Völker in den von Kommunisten beherrschten Ländern. Diese versklavten Menschen dürfen wir nicht verraten. Wir müssen alles vermeiden, was die Position der Unterdrücker festigt.

Das bedeutet nicht, dass wir den Hass schüren und Anteil an der Hetzpropaganda haben sollen. Das Böse in seinem Wesen und seinen Auswirkungen zu erkennen und dabei ein brüderliches Verhältnis zu allen Menschen zu bewahren – das ist die große Kunst, die wir erlernen müssen.

Abschiedsbrief von Přemysl Pitter an deutsche »Pitter-Kinder«

Zum Abschied[64]

Ihr geht nun von uns weg, ihr unsere Kinder und es ist so schwer, euch Lebewohl zu sagen. So gerne möchten wir euch sagen: Auf Wiedersehen. Aber wir wissen, dass wir eine mögliche Art des Wiedersehens nicht erleben möchten! Wir möchten euch nicht als Soldaten sehen!

Unendlich schmerzt die Vorstellung, dass ihr, mit denen wir wie mit einer Familie gelebt haben, mit denen wir alle eure Schmerzen, eure Verlassenheit und auch eure Freuden mitgefühlt haben, dass ihr mit der Waffe in der Hand zu uns kommen könntet.

Liebe teure unfreiwillige Gäste. Wird in euch wenigstens etwas von dem bleiben, was wir euch geben wollten? In dem Chaos, in der Verwirrung der Gedanken und Interessen bei euch in eurer alten Heimat könntet ihr leicht vergessen. Wird euch da wie ein Leuchtturm in einem Meer des Hasses, in das wir euch schicken, die Erinnerung an die hier verlebten Stunden bleiben? Die gemeinsam beim Lesen des Evangeliums verbrachten besinnlichen Stun-

64 Dokument von 1946/47 aus dem Besitz von Hans Wunder, Abschrift.

den? An das Evangelium, das heißt die frohe Botschaft, nämlich die frohe Botschaft von der sieghaften, ewig sieghaften Liebe.

Unsere Liebe begleitet euch auf dem Wege in die Heimat und unsere Gebete. Auch ihr habt uns viel gegeben. Durch euch haben wir wenigstens zum Teil das Deutschland der letzten Vergangenheit und der Gegenwart begreifen gelernt.

Wir wissen: Nicht alles ist verloren. Es gibt ein Heilmittel, ebenso für Deutschland wie für die ganze Welt, vom Krieg erschöpfte und abhetzte Menschheit. Dieses einzige Heilmittel ist das, das man den Weg, die Wahrheit und das Leben nennt. Wer verkündet es uns? Das Evangelium der Liebe, wie ihr es in der Botschaft Jesu findet. Denkt daran, wie Jesus es einmal im Gleichnis zu seinen Jüngern gesagt hat: »Die Ernte ist reich, aber der Arbeiter sind wenige.«

Wir werden euch in der Ferne nicht verlassen. Wir werden für euch beten. Für alle werden wir beten, auch für unser Volk, auf dass die Liebe in unseren Herzen wachse, auf dass der Friede Gottes in den Seelen herrschen möge.

Gott mit euch, unsere Kinder Deutschlands

Brief von »Pitterkindern« zum Abschied aus Kamenice

Kamenice, 6.10.1946[65]

Lieber Herr Direktor und beste Tante Olga!

Da wir nun bald wegfahren, wollen wir Ihnen heute danken, auch im Namen derer, die Kamenitz schon verlassen haben. Um das auszusprechen, was wir Ihnen gerne sagen möchten, sind unsere Worte viel zu armselig.

Als wir aus den Lagern hierher kamen, dachten die meisten von uns, Gott selbst musste uns zu Ihnen geführt haben. Kamenitz hat uns viele Monate die Heimat und das Elternhaus ersetzt, und Sie, lieber Herr Direktor und beste Tante Olga, haben wie Vater und Mutter für uns gesorgt.

Was haben wir Ihnen alles zu verdanken! Wir wurden hier bekleidet und hatten genug und gut zu essen. Aber Sie haben ja nicht nur für unseren Körper gesorgt.

Wie viele von uns hatten, als sie herkamen, Hass – ja sogar Rachegefühle in ihren Herzen.

Da kamen Sie und brachten uns die Liebe – nicht nur Ihre Liebe, Sie zeigten uns auch die Liebe Gottes. Da verschwanden allmählich Hass und Rache aus unseren Herzen. Und das war eine große Erlösung:

65 Dokument aus dem Besitz von Hans Wunder, Abschrift.

Dass wir jetzt nicht mehr die Sklaven unseres Hasses sind und frei in die Heimat fahren können, das verdanken wir nur Ihrer Liebe. Auch in der Heimat wollen wir noch immer mit großer Dankbarkeit an Sie denken und nach besten Kräften beim Bau der Brücke mithelfen, die die Verbindung der Völker schaffen soll.

Ihre Kinder

Heinrich Schmidt	*Marianne Rahn*
Ilse Grützner	*V. Michl*
Lieselotte Huhn	*Christel Huhn*
Olga Huhn	*Hans Wunder*
Herbert Lichter	*Bruno Hampel*
Gerhard Bringmann	*Hans-Joachim Freyschmidt*

Zeittafel zu Přemysl Pitter 1895–1976

1895	Přemysl Pitter wurde in Prag-Smíchov geboren (21.6.).
1909–1912	Er beendete die obligatorische Schulpflicht. Nach dem erfolglosen Besuch der Realschule ging er an die typographische Schule in Prag, machte den Abschluss und absolvierte dann die Handelsakademie in Prag 2.
1911	Im Februar starb seine Mutter Žofie Pittrová (28.2.). Bis zur Hälfte des Jahres 1912 besuchte Pitter die Buchdruckerschule in Leipzig.
1912	Pitter gewann praktische Erfahrung als Schriftsetzer in Berlin. Dann wechselte er in die Buchdruckerei seines Vaters und wurde dort leitend tätig.
1913	Sein Vater Karel Pitter starb im April (30.4.). Dessen Druckereibetrieb erbte Přemysl Pitter.
1914–1918	Pitter war Soldat in der Österreichisch-Ungarischen Armee, Teilnehmer der Kämpfe in Galizien, Italien und auf dem Balkan. Grausige Erlebnisse auf den Schlachtfeldern beeinflussten seine Einstellungen und Ansichten für das ganze Leben.

1919	Kurze Zeit wirkte Pitter in der Sozialabteilung des Ministeriums für nationale Verteidigung. Zum ersten Mal trat er mit einem Vortrag an die Öffentlichkeit, unter freiem Himmel auf dem Platz der Republik in Prag (28.9.). Pitter sprach über das Thema »Was ist das wirkliche Christentum?«.
1920–1921	Pitter studierte an der Theologischen Fakultät J. Hus in Prag (als außerordentlicher Zuhörer). Nach zwei Semestern beendete Pitter das Studium und begann, sich der praktischen Erziehungstätigkeit zu widmen.
1920–1928	Öffentliche Prediger- und Vortragstätigkeit Pitters inner- und außerhalb Prags.
1920	Pitter gründete die Bewegung für geistliche und gesellschaftliche Wiederbelebung »Das Neue Jerusalem« (»Nový Jeruzalém«).
1922	Pitter gründete die Bau- und Wohngenossenschaft Militsch-Haus (»Milíčův dům«).
1923	Pitter tourte erfolgreich mit seinen Vorträgen fünf Wochen durch Mähren und Schlesien. Er nahm an der internationalen Konferenz IFOR im dänischen Nyborg (19.–26.7.) teil. Hier begegnete Pitter zum ersten Mal britischen Quäkern, mit denen er weiterhin im Kontakt blieb.
1924–1938	Mitglied der Liga der Menschenrechte und Vorsitzender des Friedenskomitees, Mitglied der Akademischen YMCA.
1924–1941	Herausgeber (gemeinsam mit der Schriftstellerin Pavla Moudrá) und Redakteur der Zeitschrift für geistliche und gesellschaftliche Wiederbelebung *Verbrüderung* (»Sbratření«).

1926	Pitter nahm an der internationalen Konferenz »Bewegung für die internationale Aussöhnung« in Oberammergau teil, wo er Olga Fierz, später seine engste Mitarbeiterin, kennenlernte.
1927	Sekretär der »Bewegung für christlichen Kommunismus in der Tschechoslowakei«. Die Bewegung wurde am 20.2.1927 gegründet. 1928 wurde ihre Tätigkeit eingestellt.
1929	Als Mitglied des Internationalen Rates der Internationale der Kriegsdienstgegner nahm Pitter an den Ratssitzungen in London und Zürich teil. Er startete eine Vorlesungsreihe sowohl zu Hause als auch im Ausland.
1931	Das oberste Gericht in Brünn bestätigte das Urteil über Přemysl Pitters Vorschlag, einer Resolution gegen die Einführung der vormilitärischen Jugenderziehung.
1933	Das »Militsch-Haus« im Prager Stadtteil Žižkov wurde eröffnet (24.12.). Hier wirkte Pitter bis 1951 als Direktor.
1934–1935	Pitter besuchte zweimal Deutschland, um die innenpolitische Situation kennenzulernen.
1938	Pitter besuchte Österreich, wo er die Härte der nazistischen Ideologie kennenlernte. Für die Kinder aus dem »Militsch-Haus« wurde die Heilstätte »Heim« (»Domov«) in Mýto bei Rokycany geöffnet. Er besuchte das tschechische Gebiet, um die aktuelle Situation und die Ansichten hiesiger Menschen kennenzulernen. In der Zeitschrift *Verbrüderung* trat Pitter aktiv gegen Antisemitismus auf.

1939 Knapp vor der nazistischen Okkupation kehrte Pitter von einer Vortragstournee in Großbritannien zurück.

Mit Jaroslav Šimsa besprach er das Zusammengehen mit dem einheimischen Widerstand.

In der Zeitschrift *Verbrüderung* publizierte er eine Reihe von judenverteidigenden Artikeln bis Ende 1939.

Im Militsch-Haus und in Mýto bei Rokycany wurde die gemeinsame Erziehung von jüdischen und nichtjüdischen Kindern fortgesetzt.

1941 Die Herausgabe der Zeitschrift *Verbrüderung* wurde amtlich eingestellt.

Durch die Deportation von Juden nach Theresienstadt, die auch Pitters Mitarbeiter betraf, nahm die pädagogische Tätigkeit im Militsch-Haus starken Schaden.

1943 Alle öffentlichen Vorträge Přemysl Pitters wurden verboten.

1944 Dank Pitters Initiative wurde der illegale »Ausschuss der christlichen Hilfe für jüdische Kinder« (»Výbor křesťanské pomoci židovským dětem«) gegründet.

1945 Die Rettungsaktion »Schlösser« (»Zámky«) von Kindern aus deutschen Konzentrations- und tschechischen Internierungslagern wurde begonnen (15.5.). Für die Kinder wurden Heilstätten errichtet in den Schlössern Štiřín, Olešovice, Kamenice, Lojovice und in der Pension Ládví in Mittelböhmen.

Pitter verurteilte in einer öffentlichen Predigt (27.5.) die Gewalt in der Nachkriegszeit, die dem wehrlosen deutschen Volk angetan wurde.

1946 Pitter besuchte London, wo er vom Ministerium für Sozialwesen damit beauftragt war, Umsiedlungsmöglichkeiten der Deutschen aus der Tschechoslowakei in die britische Besatzungszone in Deutschland zu besprechen.

1947 Die Aktion »Schlösser« wurde beendet. Dank ihr wurden 810 Kinder gerettet.

Pitter legte das Abitur (11.6.) an der Fachhochschule für sozial-medizinische Berufe ab (als Externer).

Der Verleger Joža Jícha in Brünn gab Pitters Buch *Das Wort Gottes für Kinder, für Familie und Sonntagsschule* (»Slovo Boží dětem pro rodinu i nedělní školu«) heraus.

1948 Pitter protestierte in manchen (biblischen) Predigten gegen das totalitäre Regime.

Die Verwaltung des »Militsch-Hauses« wurde vom Zentralen Nationalausschuss in Prag übernommen, die Erziehungstätigkeit stark eingeschränkt.

1950 Olga Fierz fuhr in die Schweiz (17.2.) zur Beerdigung ihrer Schwester. Die Rückkehr in die Republik wurde ihr von den tschechoslowakischen Behörden nicht gestattet.

Alle öffentlichen Vorträge von Přemysl Pitter wurden verboten.

1951	Im Frühling wurde Pitter von der Funktion des Militsch-Haus-Direktors entbunden. Er wurde zu einem polizeilichen Verhör vorgeladen. Ihm wurde mit Zwangsarbeit in den Urangruben gedroht. Pitter emigrierte (26.8.) über das Lausitzer Gebirge (Lužické hory) in die Deutsche Demokratische Republik und weiter über West-Berlin in die Bundesrepublik Deutschland. Bei der Flucht trug er den Decknamen Paul. In München traf er (23.10.) Olga Fierz.
1952	Pitter begann mit der BBC, dem »Radio Free Europe« (»Radio Freies Europa«), später auch mit dem römischen Rundfunk zusammenzuarbeiten. Seine Vorträge wurden in kurzen Abständen gedruckt – *Dem zu Hause und dem Exil*, 1956 (»Domovu a exilu«), *Feuer auf der Erde*, 1957 (»Oheň na zemi«), *An der Schwelle der Zeiten*, 1959 (»Na předělu věků«). Er wurde vom Ökumenischen Rat der Kirchen mit dem Pastoral- und Sozialdienst im Emigrationslager »Valka« bei Nürnberg beauftragt.
1955	Im Exil publizierte Pitter in verschiedenen tschechischen und anderen Zeitschriften, z.B. »Tschechisches Wort« (»České slovo«), »Volk von Jan Hus in Chicago« (»Husův lid v Chicagu«) u. a.
1962	Pitter beendete seine Mission im »Valka«-Lager, wo auch Olga Fierz tätig war. Er fuhr mit Olga Fierz in die Schweiz, sie ließen sich in Affoltern am Albis nahe Zürich nieder. Im Dezember begann er die Zeitschrift *Gespräche mit Schreibenden* (»Hovory s pisateli«) herauszugeben.

1964 Přemysl Pitter und Olga Fierz wurden von den ehemaligen »Schloss-Kindern« nach Israel eingeladen. Er wird dort für die Rettung von Juden im Krieg als »Gerechter unter den Völkern« geehrt und es wird ihm in der Gedenkstätte »Yad Vashem« ein Baum gepflanzt.

1965 In München wurde Pitters Arbeit *Schuld und Sühne* herausgegeben. Zum Anlass des 550. Todestages von Jan Hus und des 50. Jahrestages von Masaryks Widerstandsgründung im Ausland hielt Pitter einen Vortrag beim Jan-Hus-Denkmal in Konstanz.

Er begann, mit dem Prager Erzbischof Josef Beran und Dr. Alexander Heidler zusammen zu arbeiten.

1968 Wegen der Ereignisse in der Tschechoslowakei bereitete Pitter die deutsche Werkausgabe der *Geistlichen Revolution im Herzen Europas* vor (»Duchovní revoluce v srdci Evropy«).

1970 Der Rotapfel-Verlag, Zürich und Stuttgart, gab Pitters Buch *Unter dem Rad der Geschichte* heraus. Im Januar fand die konstituierende Versammlung der Jan-Hus-Gemeinde der Tschechen und Slowaken in Zürich statt. Der Jan-Hus-Gemeinde schenkte Pitter in 70ern viel Energie. Ein wichtiger Bereich seiner Tätigkeit war auch die Arbeit im Masaryk-Fonds beim Verband der tschechoslowakischen Vereine in der Schweiz. Er war Vorsitzender der Schweizer Zweigstelle der Gesellschaft für Kunst und Wissenschaft und arbeitete im Züricher Verein tschechischer Exilanten »Svatopluk Čech«. Anfang der 70er regte Pitter die Entstehung der tschechoslowakischen Ergänzungsschule in Zürich an (Ende der 70er Jahre hat das Interesse der Eltern nachgelassen).

1973 Vom deutschen Bundespräsidenten Gustav Heinemann erhielt Pitter das Bundesverdienstkreuz I. Klasse.

1974 Im Konfrontation Verlag, Zürich, wurde im Exil die tschechische Ausgabe der *Geistlichen Revolution im Herzen Europas* (»Duchovní revoluce v srdci Evropy«) herausgegeben. Für dieses Werk und seine Memoiren *Unter dem Rad der Geschichte* erhielt Přemysl Pitter den Preis der Züricher Kantonsregierung.

1975 Pitter erhielt (21.6.) das Ehrendoktorat der Theologie der Züricher Universität. Prof. Dr. Jan Milíč Lochman von der Universität Basel brachte auf Ersuchen der Züricher Universität den Gedanken der Verleihung des Ehrendoktorates ins Spiel, der aus den Züricher Kreisen stammt.

Přemysl Pitter wählte sich die Kirche der Böhmischen Brüder (»Jednota bratrská«) aus und ehrte ihre Ideen.

1976 In der Jan-Hus-Gemeinde in Zürich (4.1.) fand der letzte Vortrag Pitters statt.

Am 15.2. starb er nach einem einen Monat dauernden Aufenthalt im Züricher Krankenhaus. Pitters Asche wurde auf seinen Wunsch ohne christliche Zeremonien verstreut.

Olga Fierz nahm in Kirnbach stellvertretend für Přemysl Pitter die Medaille in memoriam von der Johannes Mathesius Gesellschaft entgegen.

1977 Olga Fierz gründete die Gruppe (Verein) Milidu und setzte die Herausgabe der Zeitschrift *Gespräche mit Schreibenden* fort. Sie führte damit das Werk Pitters weiter und war Hüterin seines Erbes bis zu ihrem Tod 1990. Sie vermachte ihren gesamten Nachlass (Olga Fierz und Přemysl Pitter) der Gruppe Milidu.

1991 Das Archiv von Přemysl Pitter und Olga Fierz wurde leihweise dem Pädagogischen Museum J. A. Komenský (heute: Nationales Pädagogisches Museum und Bibliothek J. A. Komenský) in Prag übergeben.

Präsident Václav Havel verlieh Pitter in memoriam den Tomáš Garrigue-Masaryk-Orden III. Klasse.

1994 Die Gruppe Milidu und das Pädagogische Museum J. A. Komenský gründeten die *Stiftung Přemysl Pitter und Olga Fierzová* (2000 wandelte sie sich in den *Stiftungsfonds Přemysl Pitter und Olga Fierzová* um).

1995 Die Generalkonferenz der UNESCO nahm den 100. Geburtstag Přemysl Pitters unter die Weltkulturjahrestage auf.

Gedanken von Přemysl Pitter

… über den Nationalismus

»Allein der wahre Glaube kann den Nationalismus wirksam überwinden, der so viele Vorurteile, Vergehen und Verbrechen verursacht hat. Diese Überwindung liegt in der Anerkennung einer übernationalen Aufgabe, die jedem Volk von Gott gegeben ist. Nur im Anlehnen an das Absolute erhält die Nation ihren eigenen Sinn. Durch Leiden und Prüfungen führt Gott die Völker zur Erkenntnis, dass ›Volk‹ und ›Staat‹ unheilvolle Götzen werden, wenn sie als Eigenziel aufgestellt werden, und dass sich jedes Übertreten seiner Gebote auch auf nationaler Ebene rächt.«

Aus einem Brief von 1955 an die Redaktion der Zeitschrift »Der Neue Ackermann«

… über gemeinsame Schuld und Verantwortung vor Gott

»Es ist unmöglich, der Mitschuld dadurch zu entfliehen, dass wir die eigene Verantwortlichkeit auf andere abwälzen. Alle haben wir irgendwie und irgendwo versagt, unterlagen wir der Welle des Hasses und der Begierde, sei es durch die Tat oder durch Schweigen. Alle tragen wir gemeinsam die Schuld und die Verantwortlichkeit vor Gott, und so tragen wir gemeinsam die Folgen.«

In einer Rundfunkansprache im Sender »Radio Free Europe«

… über die Bedeutung nationaler Grenzen

»Die wahre Lösung der mitteleuropäischen Probleme ist nicht in besserer Grenzziehung zu suchen, sondern in der Überwindung der Grenzen. Es gibt zwischen unseren Völkern praktisch keine gerechte Grenzziehung, und trennende Grenzen sind nicht gottgewollt. Die Zeit muss kommen, wo sie ihre Bedeutung verlieren, weil alles Bindende und Verbindende gewachsen ist.«

In der Zeitschrift »Der Neue Ackermann« im Jahr 1955

Die Ackermann-Gemeinde und Přemysl Pitter

Aus Böhmen, Mähren und Schlesien vertriebene Katholiken gründeten 1946 in München die ACKERMANN-GEMEINDE. Sie entschieden sich in Anlehnung an das Werk *Der Ackermann und der Tod* (Johannes von Saaz, um 1400) zu einem positiven und konstruktiven Umgang mit dem erlittenen Schicksal.

Von Beginn an setzte sich daher die ACKERMANN-GEMEINDE für Dialog und Versöhnung ein. Heute gestaltet sie, seit 1999 auch gemeinsam mit ihrer tschechischen Schwesterorganisation Sdružení Ackermann-Gemeinde, die deutsch-tschechische Nachbarschaft aktiv mit und engagiert sich aus christlicher Verantwortung für Europa.

Přemysl Pitter stand zu Lebzeiten in engem Kontakt mit Vertretern der ACKERMANN-GEMEINDE. Im Jahr 2011 entstand gemeinsam mit dem Nationalen Pädagogischen Museum in Prag die Ausstellung *Europäischer Humanist – Přemysl Pitter*. Sie wurde seither in vielen deutschen Städten sowie in der Schweiz gezeigt. Der gleichnamige Katalog (3. Auflage) ist bei der ACKERMANN-GEMEINDE erhältlich, ebenso wie der 76-minütige Dokumentarfilm *Milujte své nepřátele/Liebet eure Feinde* von Tomáš Škradlant, 2013 als DVD von der Pfarrei der Böhmischen Brüder in Prag-Dejvice herausgegeben (je 5,00 € zzgl. Versand).

Ackermann-Gemeinde e. V., Heßstr. 24, 80799 München
info@ackermann-gemeinde.de
www.ackermann-gemeinde.de

Mehr von Sabine Dittrich

Tage der Wahrheit
Roman

In diesem Sommer wird Anne Lischkas beschauliches Leben auf den Kopf gestellt. Sven, der ihr vor Jahren das Herz gebrochen hat, kommt wieder nach Eichberg zurück. Zu allem Überfluss schleppt Opa Willi Anne auch noch nach Prag zu einer Art „Familientreffen", nach dem nichts mehr ist, wie es war. Denn dort hört sie zum ersten Mal von Onkel Přemysl, dem mutigen Tschechen, der ihrem Opa 1945 das Leben rettete.

246 Seiten, gebunden, ISBN 978-3-86256-081-3
E-Book: ISBN 978-3-86256-780-5

Erben des Schweigens
Roman

Wer bin ich wirklich? Woher komme ich? Diese Fragen brechen auf, als die selbstständige Grafikerin Jael Winterstejn bei einem Sommerspaziergang zufällig einen Grabstein mit ihrem eigenen Namen entdeckt.

Die Suche nach der Geschichte, die sich dahinter verbirgt, wird zu einer spannenden Reise in die Vergangenheit ihrer Familie. Plötzlich ist Jael ganz persönlich von Schuld und Vergebung, Rache und Versöhnung betroffen.

142 Seiten, gebunden, ISBN 978-3-86256-042-4
E-Book: ISBN 978-3-86256-740-9

Přemysl Pitters Zeitgenossen

Hanna Schott
Von Liebe und Widerstand
Magda & André Trocmé: Der Mut dieses Paares rettete Tausende

Die spannende Lebensgeschichte zweier Widerstandskämpfer, die in einem französischen Luftkurort mindestens 3000 Menschen vor dem sicheren Tod bewahren konnten: Magda (1901–1996) und André Trocmé (1901–1971). André Trocmé arbeitete auch für den Internationalen Versöhnungsbund, er und **Přemysl Pitter** kannten einander.

240 Seiten, gebunden, ISBN 978-3-86256-017-2
E-Book: ISBN 978-3-86256-706-5

Markus Baum
Eberhard Arnold
Ein Leben im Geist der Bergpredigt

Eberhard Arnold (1883–1935) gehört zu den großen Gestalten der Kirchengeschichte des 20. Jahrhunderts. Er traf **Přemysl Pitter** 1926 in Oberammergau, gründete die Bruderhof-Bewegung. Und er rang leidenschaftlich darum, Jesus kompromisslos zu folgen.

Mit einem Vorwort von Jim Wallis
251 Seiten, gebunden, ISBN 978-3-86256-035-6
E-Book: ISBN 978-3-86256-716-4